―――\ 小学校 /―――

見方・考え方を働かせる
問題解決の
理科授業

鳴川哲也
寺本貴啓

明治図書

はじめに

　2020年度より，新学習指導要領が全面実施されました。今回の学習指導要領の改訂では，子どもたちが未来社会を切り拓くための資質・能力を一層確実に育成することを目指しています。

　この学習指導要領の趣旨を理解しようとしたとき，そこには，重要なキーワードがたくさん出てきます。

　「社会に開かれた教育課程」「カリキュラム・マネジメント」「資質・能力」「主体的・対話的で深い学び」，そして「見方・考え方」……。

　これらのキーワードは，それぞれが独立して存在するのではありません。これらの関係を理解することによって，学校教育における学習の全体像を見渡す「学びの地図」が表れてくるのだと思います。

　どれも重要なキーワードなのですが，理科教育の立場から眺めてみると，「見方・考え方」が最も気になるところではないでしょうか。

　この本を手に取ってくださった方は，これから理科教育についてもっと勉強したいなあと思っている方でしょう。その方には，「見方・考え方」は新学習指導要領の重要キーワードとして映っているでしょう。しかし，これまで，理科教育の発展・充実を使命だと思って，日々の理科の授業に取り組まれてきた先生方は，「見方・考え方って，なんだ？　今までと何が違うんだ」という気持ちで，手に取

ってくださったのではないでしょうか。

　今回の学習指導要領改訂の仕事に携わらせていただいた私自身も，最初は，同じような感想をもちましたし，実際かなり戸惑いました。

　説明をしなければならない立場の者が，「見方・考え方は重要です」と表面的な言葉で話したとしても，伝わるはずがありません。伝える者が，本当にそれを重要だと思っていなければ，伝わらないのです。そこで，私は日常生活において，「理科の見方・考え方」を意識的に働かせようとしました。

　そうしたら，この「理科の見方・考え方」を働かせることは，とてもおもしろいことだと実感できるようになってきたのです。

　自然の事物・現象についての見え方が変わってきたからです。見え方が変わってきただけでなく，今まで以上に問題を見つけることもできるようになってきました。さらには，自然の事物・現象について，「すごいなあ」と感心することも多くなりました。つまり，自分の中で，理科で育成を目指す資質・能力が育ってきているということです。

　本書は，そんなすばらしい「見方・考え方」についてまとめたものです。

　みなさんの授業づくりのヒントに，そして，読者のみなさん自身の人生が豊かになるヒントになれば幸いです。

　　　　　　　　　　　　　　　　　　　　鳴川　哲也

Contents

はじめに

1章 「理科の見方・考え方」とは何か？

2章 「見方・考え方」を意識した 授業のつくり方

3章　エネルギー領域
　　「量的・関係的」な見方を働かせること

6章　地球領域「時間的・空間的」な見方を働かせること

7章　子どもが「見方・考え方」を意識的に働かせるようにするために

1章

「理科の見方・考え方」
とは何か？

「科学的な見方や考え方」と，どう違うの？

　「『科学的な見方や考え方』と，どう違うの？」。このタイトルに「そうなんだよ……。そこなんだよ……」と共感してくださっている人は，これまで理科を勉強されてきた方でしょう。理科では，他教科よりも「見方や考え方」と「見方・考え方」の違いにこだわる必要があります。

　平成20年告示の学習指導要領における，小学校理科の目標は以下の通りです。

　自然に親しみ，見通しをもって観察，実験などを行い，問題解決の能力と自然を愛する心情を育てるとともに，自然の事物・現象についての実感を伴った理解を図り，科学的な見方や考え方を養う。

（下線：筆者）

　このときは，「見方や考え方」は養うものとして，目標の最後に位置付けられていました。「科学的な見方や考え方を養う」ことが目的だったのです。このときの「見方や考え方」は，「小学校学習指導要領解説　理科編」（平成20年６月）には，次のように示されています。

　見方や考え方とは，問題解決の活動によって児童が身に付ける方法や手続きと，その方法や手続きによって得られた結果及び概念を包含する。

しかし，今回の改訂では，前述したように，「見方・考え方」が資質・能力を育成する過程で児童が働かせる「物事を捉える視点や考え方」であること，さらには教科等ごとの特徴があり，各教科等を学ぶ本質的な意義や中核をなすものとして全教科等を通して整理されました。さらには，今回の改訂の最大のポイントといっても過言ではない，資質・能力の整理が行われ，「知識及び技能」「思考力，判断力，表現力等」「学びに向かう力，人間性等」で整理された資質・能力を育成することが目的とされたのです。

　当然のことながら，目標の示し方も変わりました。

　平成29年３月告示の学習指導要領における，小学校理科の目標は以下の通りです。

　自然に親しみ，理科の見方・考え方を働かせ，見通しをもって観察，実験を行うことなどを通して，自然の事物・現象についての問題を科学的に解決するために必要な資質・能力を次のとおり育成することを目指す。

(1)自然の事物・現象についての理解を図り，観察，実験などに関する基本的な技能を身に付けるようにする。

(2)観察，実験などを行い，問題解決の力を養う。

(3)自然を愛する心情や主体的に問題解決しようとする態度を養う。

　　　　　　　　　　　　　　　　　　　　　（下線：筆者）

　平成29年３月告示の学習指導要領での目標では，「見方・考え方」は養うものではなく，学習過程で働かせるものとされたのです。

目標にどのように位置付けられているの？

　これまでは，「見方や考え方」を養うことを目的として授業を行ってきたのに，今度は，授業の中で子どもが「見方・考え方」を働かせるものとしたわけですから，混乱するのも当然です。

　これを理解するためには，再度定義を確認し，定義そのものが変わったことを理解する必要があるのです。

> 各教科等の特質に応じた物事を捉える視点や考え方

　子どもが，学習の過程の中で，「どのような視点で物事を捉え，どのような考え方で思考していくのか」という物事を捉える際の「視点」や「考え方」を「見方・考え方」と定義したということです。

　右の図を見てください。

　これは，教科の目標を図で示したものです。小学校理科において育成を目指す資質・能力を「知識及び技能」「思考力，判断力，表現力等」「学びに向かう力，人間性等」の３つで示してあります。これが，目的になります。

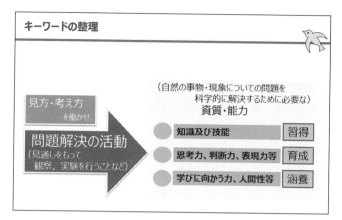

今回の改訂では，各教科等の特質に応じて，学習活動等の充実を図ることが求められましたので，小学校理科では，これまでも重視してきた問題解決の活動の充実を図り，その過程を通して資質・能力を育成することを示しています。

そして，「見方・考え方」については，新しい定義に従い，問題解決の活動の中で，子どもが「見方・考え方」を働かせるように整理したのです。

子どもが「見方・考え方」を働かせながら問題解決の活動を行う中で，資質・能力が育成されるということになります。「見方・考え方」は「資質・能力」とは分けて考える必要があるということがおわかりいただけたと思います。

「見方・考え方」が豊かになるって，どうして重要なの？

　まずは，新学習指導要領で示された「見方・考え方」の捉えを理解することが重要です。

> 各教科等の特質に応じた物事を捉える視点や考え方

　これが，「見方・考え方」の捉えです。この「見方・考え方」は，新しい知識及び技能をすでにもっている知識及び技能と結び付けながら社会の中で生きて働くものとして習得したり，思考力，判断力，表現力等を豊かなものとしたり，社会や世界にどのようにかかわるのかの視座を形成したりするために重要なものとされています。

　ここで，確認しておくべきこととして，重要なことは，

> 「見方・考え方」は，育成を目指す資質・能力とは分けて整理されている

ということです。

　つまり，「見方・考え方」が，学びの過程の中で働くことを通じて，資質・能力が育成され，それによって「見方・考え方」がさらに豊かになるという，相互の関係なのです。では，「見方・考え方」が豊かになることが，どうして重要なのでしょうか。

　それは，この「見方・考え方」が，各教科等の学習の中

で働くだけではなく，大人になって生活していくにあたっても，重要な働きをするものとなるからなのです。

　例えば，今回，世界的に問題になった新型コロナウイルスの感染について考えてみましょう。新型コロナウイルスの特徴などを考える際には，「理科の見方・考え方」を働かせ，それに関する問題を解決しようとしています。この問題についての情報を基に自分なりの考えをもったり，他者にそれを伝えたりする際には，「言葉による見方・考え方」を働かせているでしょう。日常的に使用しているマスクがどこでつくられているのかとか，政府が各自治体に何かを要請し，自治体でどのように判断して施策を立てるのかといった流れを考える際には，「社会的な見方・考え方」を働かせているでしょう。

　このように，意識的なのか，無意識的なのかは別にしても，私たちは，各教科等の特質に応じた物事を捉える視点や考え方を働かせながら，目の前の問題を解決しようとしているのです。

　新型コロナウイルスに限らず，2015年に開かれた国連の「持続可能な開発サミット」で示されたSDGs（持続可能な開発目標）も同じことがいえますし，SDGsに関連する地域の課題なども同じです。ある特定の「見方・考え方」だけのアプローチで解決するほど，問題は単純ではないはずです。様々な「見方・考え方」を意識的に働かせながら，みんなで納得解をつくっていくためには，「見方・考え方」を豊かにしていくことが重要なのです。

「理科の見方」って，具体的には？

　問題解決の過程において，自然の事物・現象をどのような視点で捉えるかという「見方」については，理科を構成する領域ごとの特徴から整理が行われました。

　自然の事物・現象を，「エネルギー」を柱とする領域では，主として量的・関係的な視点で捉えることが，「粒子」を柱とする領域では，主として質的・実体的な視点で捉えることが，「生命」を柱とする領域では，主として共通性・多様性の視点で捉えることが，「地球」を柱とする領域では，主として時間的・空間的な視点で捉えることが，それぞれの領域における特徴的な視点として整理されました。

　ただし，これらの特徴的な視点はそれぞれの領域固有のものではなく，その強弱はあるものの，他の領域においても用いられる視点であることに留意しましょう。

　例えば，第3学年A(4)「磁石の性質」では，「磁石に引き付けられる物と引き付けられない物があること」を知識として獲得することになります。この知識を獲得する際，子どもは，「物によって，磁石に引き付けられる物と引き付けられない物があるのかな」という「質的」な見方を働かせながら追究していくと考えます。本単元は，エネルギーを柱とする領域に位置付けられていますが，常に「量

的・関係的」な見方を働かせるわけではないということです。

　このように，「理科の見方」は，まずは領域ごとに整理されたということを理解しましょう。「エネルギー」を柱とする領域は高等学校では「物理」という1つの科目になります。つまり，「量的・関係的」な見方は，「物理」に関する内容と関連が深いということですね。「見方」は子どもが獲得する知識と関連があるということになります。

　これら以外にも，理科だけでなく様々な場面で用いられる原因と結果をはじめとして，部分と全体，定性と定量などといった視点もあることに留意する必要があります。

理科の見方・考え方①

見方：自然の事物・現象をどのような視点で捉えるか

	領　　域			
	エネルギー	粒　子	生　命	地　球
見方	自然の事物・現象を主として量的・関係的な視点で捉える	自然の事物・現象を主として質的・実体的な視点で捉える	自然の事物・現象を主として共通性・多様性の視点で捉える	自然の事物・現象を主として時間的・空間的な視点で捉える
	原因と結果，部分と全体，定性と定量　など			

　結局，小学校理科では，「理科の見方」として，上記の7つを示しているわけですが，これが全てということではありません。今後，先生方の実践を通して，「このような見方も重要ではないか」ということが明らかになっていくことが大切ではないでしょうか。

「理科の考え方」って，具体的には？

　問題解決の過程において，どのような考え方で思考していくかという「考え方」については，これまで理科で育成を目指してきた問題解決の能力を基に整理が行われました。

　「これまで理科で育成を目指してきた問題解決の能力とは？」という問いが生まれますよね。

　平成20年告示の学習指導要領における，小学校理科の目標の中に「問題解決の能力」という言葉があります。各学年で中心的に育成する「問題解決の能力」として，具体的には，次のように示されていました。

第3学年：身近な自然の事物・現象を比較しながら調べること

第4学年：自然の事物・現象を働きや時間などと関係付けながら調べること

第5学年：自然の事物・現象の変化や働きをそれらにかかわる条件に目を向けながら調べること

第6学年：自然の事物・現象についての要因や規則性，関係を推論しながら調べること

（下線：筆者）

　これらの「問題解決の能力」を踏まえ，比較，関係付け，条件制御，多面的に考えることなどといった考え方が，新

学習指導要領における「理科の考え方」として整理された
のです。

　「比較する」とは，複数の自然の事物・現象を対応させ
比べることです。「関係付ける」とは，自然の事物・現象
を様々な視点から結び付けることです。「条件を制御する」
とは，自然の事物・現象に影響を与えると考えられる要因
について，どの要因が影響を与えるかを調べる際に，変化
させる要因と変化させない要因を区別するということです。
そして，「多面的に考える」とは，自然の事物・現象を複
数の側面から考えることです。

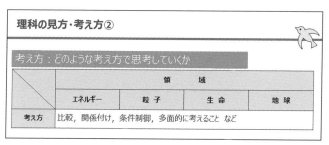

理科の見方・考え方②

考え方：どのような考え方で思考していくか

	領　　域			
	エネルギー	粒　子	生　命	地　球
考え方	比較，関係付け，条件制御，多面的に考えること　など			

　「理科の見方」は領域ごとに整理されたのに対して，「理
科の考え方」は「問題解決の能力」を基に整理されたこと
を理解しましょう。つまり，「考え方」を働かせることと，
思考力，判断力，表現力等を育成することには深い関連が
あるということになります。

見方：「量的・関係的」とは？

「エネルギー」を柱とする領域に位置付けられた単元を学習する際，働かせることが多くなると考えられる「量的・関係的」な見方とは，どのような見方でしょうか？

その前に，そもそも「エネルギー」とは何でしょうか？

教科書で調べてみると，「エネルギーとは，ものに対して，はたらきをする能力のことである」（『わくわく理科6』啓林館，令和2年）という記載を見つけました

エネルギーそのものは目には見えません。ですから，第3学年A(2)「風とゴムの力の働き」の学習であれば，例えば，ゴムを少し引っぱって放してみたり，たくさん引っぱって放してみたりしたときの，元に戻ろうとする力の大きさを感じてみたり，それによってゴムで走る車がどのくらい動くのかを調べたりすることによって，ゴムが引っぱられたときにもつエネルギーを捉えることになります。

ゴムを引っぱる長さを変えること（A）によって，ゴムで走る車がどのくらい動くのか（B）というように，Aを変えることによってBが変わるのかどうかを調べていくことによって，「ものに対して，はたらきをする能力」を見ているわけです。「Aの量を変えることで，その関係性において，Bがどのように変わるのか」という視点で見ることが「量的・関係的」な見方といえるわけです。

見方：「質的・実体的」とは？

　「粒子」を柱とする領域に位置付けられた単元を学習する際，働かせることが多くなると考えられる「質的・実体的」な見方とは，どのような見方でしょうか？

　学習指導要領で，これらの単元についての記述を見ていくと，物，水，空気，金属などの性質について学習していくことがわかります。ですから，「空気とはどのような性質なのか？」「物が燃える前と後では空気の性質は変わったのか？」などといったような視点をもって追究していくことが重要になります。また，食塩の溶け方を学習した後に，「他の物も食塩と同じように溶けるのか」のように，「他の物質は？」という視点をもって追究することも大切です。このような視点をもって追究することが，「質的」な見方を働かせるということになるでしょう。

　また，空気や水に溶けた食塩など，「粒子」を柱とする領域に位置付けられた単元での対象は，目に見えないことが多いのです。エネルギーも目に見えないのですが，この領域で扱うものは，エネルギーと違って，目には見えなくても，物質として存在するということです。ですから，「目には見えないけれども，そこに存在するのか？」という視点をもって追究することが大切なのです。

見方：「共通性・多様性」とは？

「生命」を柱とする領域に位置付けられた単元を学習する際，働かせることが多くなると考えられる「共通性・多様性」の見方とは，どのような見方でしょうか？

教室で飼育しているメダカが卵を産みました。生まれてくるのは，メダカです。メダカからコイは生まれてきません。このように，親の特徴が子やそれ以降の世代に現れることは，遺伝と呼ばれています。

しかし，約40億年前に地球上に生物が誕生したときから，メダカがいたわけではありません。生物には，共通の祖先がいて，そこから進化したと考えられています。長い時間の中で，多様な生物が生まれてきたのです。

この領域では，このような生物を扱うわけですから，小学校であれば，「共通している特徴はどこかな？」「他とは違う特徴は何かな？」という視点で問題を追究していくことが大切です。しかし，小学校では，「昆虫や植物の体のつくり」「発芽の条件」など，主に共通性に関連する知識を習得します。「多様性」という見方がより重要になってくるのは「進化」を学習する中学生になってからです。教師が無理に「多様性」の見方を働かせようとすることによって，子どもが学習内容を理解できなくなってしまうことのないよう留意しましょう。

見方：「時間的・空間的」とは？

　「地球」を柱とする領域に位置付けられた単元を学習する際，働かせることが多くなると考えられる「時間的・空間的」な見方とは，どのような見方でしょうか？

　この領域では，子どもたちにとって身近な自然現象を扱います。天気が変わる，太陽が見える位置が変わる，校庭の水たまりがいつの間にかなくなるなど……。

　小学生にとってみれば，当たり前の現象に問題を見いだし，追究していくことになるかもしれません。しかし，小学校から中学校へと学習が進んでいくと，それは，我々が住む奇跡の星「地球」が誕生したおよそ46億年という時間を遡ることになります。この領域に位置付けられた単元では，地球の歴史を学習するといってもよいかもしれません。目の前で起こっている当たり前の自然現象について問題を解決しようとしたとき，「時間が過ぎるとどうなるのか」「時間を遡るとどうだったのか」などというように，時間の経過を視点として追究することが大切になります。さらに，自然現象が起こる範囲は，限定的な場合もあれば，広範囲に及ぶ場合もありますから，空間的な視点をもって追究することも大切になります。

　発達の段階を踏まえた時間や空間のスケールで，問題を追究していくことが大切になります。

見方：「原因と結果」とは？

　ここまで述べてきた見方は，各領域で主に働かせるものとして位置付けられているものです。しかし，ここからは，その領域にはあまり関係なく働かせるものとして明記されたものになります。

　まずは「原因と結果」です。「今年の冬は，暖冬でほとんど雪が降りませんでした。これは温暖化が原因でしょうか」などといった話を耳にします。暖冬だったという結果に対して，温暖化が原因なのではないかという話をしているわけです。さらに温暖化という結果に対して，どのような人間活動が原因なのか？という議論が展開されます。その原因は１つに特定されるものではありませんが……。

　子どもが自然の事物・現象から問題を見いだすことから問題解決がスタートするわけですが，まずは，子どもが目の前の自然現象に出合ったとき，「このような現象が起こったのは，何が原因なのか？」と考えることが重要です。そして追究する中で，その原因となるものを想定し，観察，実験などを行い，因果の関係を見いだしていくのです。

　まずは，「何が原因なの？」という「原因と結果」という視点で自然の事物・現象を見つめようとすることが大切ですね。

見方：「部分と全体」とは？

　小学校理科では，目の前の自然の事物・現象から学習がスタートすることが多いと思います。「個別」の自然事象を，既習の内容や生活経験と関係付けながら，概念として理解するような学びですね。

　例えば，昆虫の体のつくりを学習する際，モンシロチョウの体のつくりを観察し，あしが3対6本であることを理解したとしても，子どもにとってみれば，「モンシロチョウは6本あしである」なのです。しかし，「他の生き物も6本あしなのか？」という問題を見いだし，調べた結果，自分が知っている多くのムシはあしが6本ということがわかります。そしてそのような仲間を昆虫と言うことを理解します。このとき，モンシロチョウは「部分」であり，昆虫が「全体」ということになります。個別の特徴を知ったとき，「他のものは……」と一般化に向かうときに，「部分と全体」という見方が重要になります。

　また，人の体のつくりを学習する際，「胃」「腸」などの「部分」の働きだけを理解しても，生命を維持する働きの「全体」を捉えることはできません。生命を維持する働きを要素に分けて，「個別」を理解したり，個別同士のつながりを考え「全体は？」と考えたりすることによって，追究の方向性が見えてくるのですね。

見方：「定性と定量」とは？

　自然の事物・現象の性質や規則性などを見いだそうとするとき，「どのように」などといった問題を抱えて追究していくときが「定性」であり，質的側面において，対象の状態を明らかにしようとするものと考えることができます。一方，例えば「どのくらい」などといった問題を抱えて追究していくときが「定量」であり，量的側面において，対象の状態を明らかにするものと考えることができるでしょう。

　大小２つの集気びんの中に，それぞれ火をつけたろうそくを入れたとき，大きな集気びんよりも小さな集気びんに入れたろうそくの方が早く消えます。この現象を見た子どもは，その原因を集気びんの大きさ，つまり空気の量に視点を当てて考えだすでしょう。また，一度ろうそくが消えた集気びんに，再度ろうそくを入れてみると，どちらの集気びんであっても，すぐに消えます。この現象を見た子どもは，前の空気との質の違いに視点を当てて考えだすでしょう。このように，子どもは質的側面と量的側面に目を向けて，燃焼の仕組みに迫っていくのです。

　「定性」と「定量」では，観察，実験などの方法も異なります。これらの見方を働かせることによって，解決の方法の発想の仕方も異なってきますね。

考え方：「比較」とは？

　ここからは，子どもが働かせる「考え方」についてです。

　まずは「比較」です。比較とは，複数の自然の事物・現象を対応させ比べることです。その比較には，同時に複数の自然の事物・現象を比べたり（同時比較），ある自然の事物・現象の変化を時間的な前後の関係で比べたり（前後比較）することなどがあります。

　マリーゴールドと百日草の種子をまいて，発芽した様子を比較（同時比較）して，どちらも葉っぱが2枚だったことに気づくことや，その葉っぱとその次に出てきた葉っぱの形を比較（前後比較）して，その形が違うことに気づくことなどから，子どもたちは問題を見いだすでしょう。

　また，自然の事物・現象に出合い，「あれ，これは少し変だな」と感じるのは，自分の過去の経験においてそれと似たような経験やその経験からつくられた概念があるからであり，現実と経験などを比較しているから，「あれ？」という疑問が生じることもありますね。

　このように比較によって，差異点や共通点が明らかになり，問題を見いだすことができるようになります。また，問題を解決していく中でも有効な方法なのです。

考え方：「関係付け」とは？

　「関係付け」とは，自然の事物・現象を様々な視点から結び付けることです。「関係付け」には，変化とそれにかかわる要因を結び付けたり，既習の内容や生活経験と結び付けたりすることなどがあります。

　解決したい問題についての予想や仮説を発想する際に，自然の事物・現象と既習の内容や生活経験とを関係付けたり，自然の事物・現象の変化とそれにかかわる要因を関係付けたりすることが考えられます。この「関係付け」という考え方を働かせることによって，予想に根拠をもたせることになるのです。しかし，このときに関係付けられた過去の経験は，個人的なものであり，主観的であることも多いです。その根拠が妥当であるかを検討することが重要であり，対話的な学びの重要性が生まれるのです。

　また，問題解決の結果，導出された結論を基に，再度，自分の予想の根拠にしていた過去の経験と関係付けたとき，学習内容を概念的に理解することにつながっていきます。

　別々に存在していた２つ以上のものが，「関係付け」という考え方を働かせることによって結び付けられていくのです。「関係付け」って大切ですね。

考え方:「条件制御」とは?

　「条件制御」とは,自然の事物・現象に影響を与えると考えられる要因について,どの要因が影響を与えるかを調べる際に,変化させる要因と変化させない要因を区別するということです。解決したい問題について,解決の方法を発想する際に,制御すべき要因と制御しない要因を区別しながら計画的に観察,実験などを行うことが考えられます。

　実験する際に,ある1つの条件とその結果との関係を捉えるためには,その条件だけを変えて,その他の条件は同じにしておかなければなりません。この「条件制御」の考え方を働かせるときは,自然の事物・現象に影響を与えると考えられる要因は何かを明確にする必要があります。

　例えば,振り子の規則性を調べるときには,「振り子の長さ」「振り子の重さ」「振れ幅」という要因を明確にした上で,「何を調べたいのか?　その際,どの条件は変えてはいけないの?」ということを考えることで,より妥当な解決方法を発想することができるようになります。

　3年生で,ゴムで走る車を走らせようとするときに,スタートラインをバラバラにしたら,子どもは「同じところからスタートさせようよ」と言います。子どもはすでに条件をそろえようとしているのです。そのような姿を見取り,価値付けることが大切になります。

考え方：「多面的に考えること」とは？

「多面的に考えること」とは，自然の事物・現象を複数の側面から考えることです。具体的には，問題解決を行う際に，解決したい問題について互いの予想や仮説を尊重しながら追究したり，観察，実験などの結果を基に，予想や仮説，観察，実験などの方法を振り返り，再検討したり，複数の観察，実験などから得た結果を基に考察したりすることなどが考えられます。

この「多面的に考えること」という考え方を働かせることで，自分の考えに妥当性が生まれてくるのです。

「多面的」というと，解決したい問題について考える際，複数の異なった実験を行い，それぞれの結果を踏まえて考察するようなイメージをもつことが多いかもしれません。

もちろん，このように複数の実験結果を基に考察を行うことは，「多面的に考えること」になりますが，「多面的」だからといって，必ず複数の実験をしなければならないというわけではありません。

自分の予想はもちろん，他者の予想を踏まえながら問題解決すること，同じ実験を行ったとしても，できるだけ多くの結果を基に考えようとすることなども，「多面的に考えること」という考え方を働かせている姿なのです。

「見方・考え方」は教科等の学習と 社会をつなぐもの

　小学校学習指導要領解説　総則編には，「見方・考え方」について，次のように示されています。

○教科等の学習と社会をつなぐもの
○児童生徒が学習や人生において「見方・考え方」を自在に
　働かせることができるようにすることにこそ，教師の専門
　性が発揮されることが求められる

　日々の教育活動の中で，子どもたちが「見方・考え方」を働かせるようになることは，とても重要なことだということが伝わってきます。「理科の見方・考え方」を意識的に働かせることができるようになることで，自然の事物・現象を，様々な視点から捉えることができるようになれば，いかに，理科の学習が，自分たちの実生活とつながっているかを知ることにもなりますね。

　そして，当然ながら「理科の見方・考え方」に限らず，どの教科の「見方・考え方」も大切です。世の中の出来事は，どの見方で見たら正解で，どの見方で見たら不正解ということはありません。様々な「見方・考え方」を働かせることができる方が，物事を柔軟に捉えることができたり，多様な考えを受け入れることができたりするでしょう。

学習指導要領の各学年の内容に，「見方・考え方」の示され方の工夫はある？

　例として第3学年A(2)「風とゴムの力の働き」で説明します。

　風とゴムの力の働きについて①，力と物の動く様子に着目して②，それらを比較しながら③調べる活動を通して，次の事項を身に付けることができるよう指導する。

ア　次のことを理解するとともに，観察，実験などに関する技能を身に付けること。

　　(ア)　風の力は，物を動かすことができること。また，風の力の大きさを変えると，物が動く様子も変わること。

　　(イ)　ゴムの力は，物を動かすことができること。また，ゴムの力の大きさを変えると，物が動く様子も変わること。

イ　風とゴムの力で物が動く様子について追究する中で，差異点や共通点を基に，風とゴムの力の働きについての問題を見いだし，表現すること。

　　　　　　　　　　　　　　　　　　（下線・丸数字：筆者）

　これが，学習指導要領の記述です。

　最初の段落の「風とゴムの力の働きについて，〜できるよう指導する」の部分は，柱書部分と呼びます。

下線①の「風とゴムの力の働きについて」は，学習の対象を示しています。

　下線②の「力と物の動く様子に着目して」は，資質・能力を身に付けるために，子どもが自然の事物・現象を捉えるための視点を示しています。本単元は，「エネルギー」を柱とする領域に位置付けられていますので，主として「量的・関係的」な見方を働かせようとしたときに，子どもは風とゴムの力の大きさと物の動く様子に着目して，問題解決の活動を行うと考えられるということです。

　下線③の「それらを比較しながら」は，資質・能力を身に付けるために考え方を働かせた活動を示しています。

　その後は，アとして，育成を目指す資質・能力のうち，習得する知識と観察，実験などに関する技能を身に付けることを示し，イとして，育成を目指す資質・能力のうち，思考力，判断力，表現力等の内容を示しています。

　学習指導要領では，各内容をこのような構成で示しています。みなさんは，理科の授業の構想を考えるとき，教科書を参考にすると思います。教科書は学習指導要領を基に作成されています。ですから，学習指導要領にどのように記載されているのかを参考にしていただきたいのです。

「見方・考え方」を働かせると，いいことあるの？

いいこと，あります。

それを実感するために，まずは教師自身が意識的に「見方・考え方」を働かせてみる必要があります。

でも，その前に確認しておきたいことがあります。「見方・考え方」は，意識的に働かせなくても，無意識的に働かせているものだということです。つまり，私たちは自然の事物・現象についてかかわろうとする際，無意識的に「理科の見方・考え方」を働かせているのです。

今回の学習指導要領においての「見方・考え方」の整理の仕方を踏まえたとき，「見方」は子どもが獲得する知識と関連があり，「考え方」は思考力，判断力，表現力等と関連があるということを前述しました。

私たちの日常生活の中で，自然の事物・現象を認識しようとするとき，私たちは，「理科の見方・考え方」を無意識的に働かせているといえると思います。

例えば，今，このページを読みながら，あなたは炭酸水を飲んでいるとしましょう。グラスに注がれた炭酸水からは，プクプクと小さな泡が出ていますね。飲んでみたら，甘く感じたとします。「あれっ。この炭酸水には，砂糖が溶けているのか？」と思いますね。しかし，グラスに注がれた炭酸水をじっと見つめてみても，そこに砂糖の姿は見

えません。しかし，甘いと感じたのですから，やはり，
「目には見えないけれど，砂糖が入っているのか？」と思
いますね。このとき，「目には見えないけれど，そこに砂
糖があるのかな？」という「実体的」な見方を働かせてい
るのです。そして，砂糖をなめたときの経験と関係付けな
がら，問題を見いだしているのです。

　また，「砂糖が入っていなければ，甘く感じるはずがな
いし……」とか「スポーツ飲料は，また違う味がするけれ
ど，あれは何が溶けているのか……」などと考えるかもし
れません。

　このときは，水に溶けている物によって，味が違うこと
を捉えようとしているわけで，そのときは「質的」な見方
を働かせているのです。

　今度は，コーヒーを飲んでみようかと思い，お湯を沸か
したとします。「早くコーヒーを飲みたいから，強火で加
熱しよう」なんて，「量的・関係的」な見方を働かせて，
お湯を沸かしましたね。

　コーヒーを片手に庭に出てみると，柑橘系の植物にアゲ
ハが飛んできて，産卵している姿が見られて，「アゲハは
柑橘系の植物に産卵するけど，モンシロチョウはキャベツ
などに産卵するんだよな。同じチョウなのに，どうして産
卵する植物が違うのかな」なんて，「共通性・多様性」の
見方を働かせるんです。アゲハとモンシロチョウの比較も
していますね。

　そして，空を見上げて，雲が流れていく様子を見ながら，

「上空は風が西から吹いているのか……」なんてつぶやくのです。（つぶやきませんか？）

　ご自分の生活とはかけ離れた例かもしれませんが，なんとなく，日常生活において，「理科の見方・考え方」を働かせていることをご理解いただけたのではないでしょうか。

　では，このように，無意識ではあっても「理科の見方・考え方」を働かせているのは大人だけなのでしょうか。いや，そんなことはありません。小学生であっても，無意識に「理科の見方・考え方」を働かせて，自然の事物・現象にかかわろうとしているのです。「風が強くなったから，雲がすごい速さで動いているね」なんて言いますよね。

　このように，「理科の見方・考え方」は，大人も子どもも無意識に働かせているのです。それを新学習指導要領では明文化し，意識的に働かせながら問題解決していくことを重視しているのです。

　では，今まで無意識的に働かせていたであろう「理科の見方・考え方」を，意識的に働かせると，どのような「いいこと」があるのでしょうか。

　私の個人的な経験をお伝えしましょう。

　私は，「生き物」に興味があるので，つい「共通性・多様性」の見方を働かせてしまうようです。

　今年は例年になく暖冬だったようで，桜前線の北上も，とても早いようです。さて，このサクラですが，ソメイヨシノが一斉に開花して，日本中いたるところで美しいピンク色の光景が見られます。このピンク色ですが，葉が出る

前に，花が咲くからあんなにピンク色一色になるんですよね。ところが，身の回りの植物に目を移すと，まずは葉が出て，花が咲きますよね。ここで意識的に「共通性・多様性」の見方を働かせていくと，サクラは，身の回りの植物とは逆です。「なんで？」と思いませんか？ そういえば，同じ時期に咲くウメも花が先に咲きます。

　植物が花を咲かせるのは，子孫を残すためですが，そのためには多くのエネルギーが必要でしょう。そのために，葉を茂らせ，光合成を行い，エネルギーを蓄えるのだと考えます。このような仕組みは，サクラもウメも，他の植物も同じだと考えられます。しかし，花を咲かせて受粉する時期は，植物によって異なります。咲かせる花の形だって，万人受けするような花を咲かせる植物もあれば，特定の生物しか侵入できないような形をした花を咲かせる植物もあります。花に匂いをプラスする植物だってあります。花粉を虫や鳥に運ばせるのではなく，風で運ぶという戦略をとっている植物だってあります。

　このように考えていくと，植物の戦略の巧妙さに惹きつけられてしまいますね。どんどん解決したい問題が生まれて，たとえその問題の1つが解決したとしても，新しい問題が生まれてきて，もっと知りたいと思ってしまいます。

　そして，「植物ってすごいなあ」という思いを抱くようになります。

　「理科の見方・考え方」を働かせることで，どんどん知りたいことが生まれていくのです。

コラム

私が最近働かせた理科の見方
クチナシの花編

　通勤途中，素敵な香りが漂ってきました。周囲をキョロキョロして，見つけました。「クチナシ」です。あのなんともいえない甘い香りに，一度でも魅了されると，すぐに反応してしまいます。私は，これまでにもクチナシの香りをかいだことがありますから，その香りだけで，近くにクチナシがあることがわかります。

　しかし，理科の見方を意識したことによって，私の意識はもっと広がっていったのです。

　植物は花を咲かせ，受粉をすることで，種子をつくり，命をつなぎます。この営みは「共通性」の見方を働かせることで，どの生物にも共通のこととして理解することができると思います。

　しかし，植物に「多様性」の見方を働かせることで，その戦略が実に様々であることがわかります。クチナシは香りまで出すんですよ。すごい！

　しかし，私の意識はさらに広がります。「クチナシの香りが，私に届くということは，何らかの物質が届いているということだ」と思うのです。ジャスミンやユリやキンモクセイなども素敵な香りですが，全部異なる香りなら，どれも違う物質が届いているのか？　これは「質的・実体的」な見方を働かせているんでしょうね。

2章
「見方・考え方」
を意識した
授業のつくり方

「見方」「考え方」は何のためにあるのか？

「見方」は「知識」の習得とかかわりが強い

　小学校理科での「見方」として，前章で以下の7つについて述べられています。（16〜17ページ）

> 量的・関係的，質的・実体的，共通性・多様性，時間的・空間的，原因と結果，部分と全体，定性と定量

　これらの見方は領域（エネルギー，粒子，生命，地球）によってそれぞれ働きやすいものがあり，エネルギー領域では「量的・関係的」，粒子領域では「質的・実体的」，生命領域では「共通性・多様性」，地球領域では「時間的・空間的」という見方が主に働くといわれています。一方，「原因と結果」「部分と全体」「定性と定量」については領域に関係なく様々な場面で働くといわれています。

　ここで「主に働く」と書いたのは，中には別の領域でも働く場合があるからです。

　例えば，第5学年の「物の溶け方」を例に挙げると，この単元は粒子領域であるため，食塩が水に溶けた際，「物が水に溶けても，水と物を合わせた重さは変わらない（食塩は見えないが水溶液の中には存在している）」ことや「物が水に溶ける量は，溶ける物によって違う」ことを学

び，「質的・実体的」な見方が働きます。しかし，「物が水に溶ける量は水の量によって変わる（水を増やせば食塩をたくさん溶かせる）」ということも学びますが，これは「量的・関係的」な見方を働かせているわけです。

・物が水に溶けても，水と物を合わせた重さは変わらない
・物が水に溶ける量は，溶ける物によって違う

➡ 「質的・実体的」な見方

・物が水に溶ける量は水の量によって変わる

➡ 「量的・関係的」な見方

このように，単純に領域で区切られて考えられるものではなく，学習場面によって様々な見方を働かせているため，学習内容や学習の展開から，どのような見方を働かせているのか判断する必要があります。

さて，理科で育成したいことはあくまでも「資質・能力」なのに，どうして授業をする際に「見方」を意識する必要があるのでしょうか？　それは，**「見方」は資質・能力の育成，特に学習内容（知識）を深めたり，質を高めることに大きく関係がある**からなのです。

先ほどの例でいうと，「質的・実体的」な見方を働かせ

ることで，「物が水に溶けても，水と物を合わせた重さは
変わらない」や「物が水に溶ける量は，溶ける物によって
違う」という知識が習得されますし，「量的・関係的」な
見方を働かせることで「物が水に溶ける量は水の量によっ
て変わる」という知識が習得されます。このように「資
質・能力」の育成につながる「知識」を習得するために，
実は様々な見方を働かせているのです。

「質的・実体的」な見方を働かせて

> 主に「実体的」な見方を働かせて
>
> ・物が水に溶けても，水と物を合わせた重さは変
> わらない
>
> という知識を習得する
>
> 主に「質的」な見方を働かせて
>
> ・物が水に溶ける量は，溶ける物によって違う
>
> という知識を習得する

「量的・関係的」な見方を働かせて

> ・物が水に溶ける量は水の量によって変わる
>
> という知識を習得する

「考え方」は「思考・判断・表現」の育成とかかわり が強い

小学校理科での「考え方」として，前章で以下の４つに
ついて述べられています。（18〜19ページ）

> 比較，関係付け，条件制御，多面的に考えること

これら４つの「考え方」は，問題解決過程の様々な場面で働くものです。

　例えば，懐中電灯が急につかなくなったときを例に挙げると，つかない原因が電池切れなのか，豆電球が切れているのかなど，様々な原因が想定できます。

　その原因が何なのかを調べる際には，電池切れを想定したならば，新しい電池を入れ替えた場合と，元の電池の場合を「比較」します。また，原因が何か予想するときに，「電池を替えたのが数年前だった」と思い出したならば，過去の経験と目の前の現象とを「関係付けている」といえます。さらに，実際に電池切れが原因かどうかを調べる際には，一度に複数の条件を変えると，つかなくなった原因がわからないため，条件をそろえて検証する「条件制御」の考え方が必要になります。最後に，より妥当な答えを導きたければ，複数回行って結果が同じかどうか，複数の方法で検証しても同じようなことがいえるのかなど「多面的に考えること」が必要になります。このように「考え方」は，自分自身で問題解決をする際に必要な力といえます。

　学習指導要領解説では，この４つの「考え方」を使う場合の，一般的な使用場面，使い方について述べられています。具体的にみていきましょう。

　「比較」は，「……を<u>比較しながら</u>，……主に差異点や共通点を基に，<u>問題を見いだす力</u>や……を<u>育成することがねらいである</u>」とあるように，「問題を見いだす」ために働かせる考え方として位置付けられています。

「関係付け」は、「……を関係付けて、……主に既習の内容や生活経験を基に、根拠のある予想や仮説を発想する力や……を育成することがねらいである」とあるように、「根拠のある予想や仮説を発想する」ために働かせる考え方として位置付けられています。

「条件制御」は、「……条件を制御しながら、……主に予想や仮説を基に、解決の方法を発想する力や……を育成することがねらいである」とあるように、「解決の方法を発想する」ために働かせる考え方として位置付けられています。

「多面的に考えること」は、「……多面的に調べる活動を通して、……主により妥当な考えをつくりだす力や……を育成することがねらいである」とあるように、「より妥当な考えをつくりだす力」を育成するために働かせる考え方として位置付けられています。

このように、「比較」「関係付け」「条件制御」「多面的に考えること」という4つの「考え方」はそれぞれ、資質・能力の1つの柱である「思考力、判断力、表現力等」の「問題を見いだす力」「根拠のある予想や仮説を発想する力」「解決の方法を発想する力」「より妥当な考えをつくりだす力」を育成するために位置付けられ、これらのかかわりが強いといえます。

もの見方・考え方を働かせることを増やすことで，「問題解決の質」を高める

　前項では，「知識及び技能」「思考力，判断力，表現力等」という資質・能力に大きくかかわっているということを述べました。もう１つの見方・考え方のよさについて述べておきます。それは，**ものの見方や考え方を働かせ，それを増やすことは「問題解決の質を高める」**ことにつながるということです。下の図のように，あくまでも育成したいのは資質・能力です。単元の目的や本時の目標をしっかり意識して授業を行い，授業後にはその資質・能力が育成できたのかを確認（評価）します。

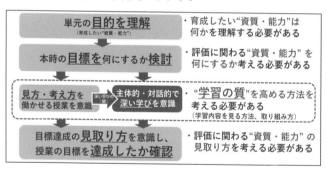

　見方・考え方を働かせると自然事象を精緻にみることになるため，学習内容に対して見方・考え方を働かせると問題解決の質を高めることになるわけです。**学習内容に対して意識的に見方・考え方を働かせることができるようになれば子どもたちの主体的・対話的で深い学びにもつながり，さらに問題解決の質を高めることにつながります。**

授業案を作成する前に

授業案を作成する上で事前に確認したいこと

①単元全体でどのような資質・能力を育成するのか

　授業案作成にあたり，最初に確認しなければいけないことは，「単元全体で何を育成しなければいけないのか」ということです。**学習指導要領解説には，最低限子どもに身に付けさせなければいけない資質・能力が示されています。**それを参考にしながら，まず単元全体でどのような資質・能力を育成するのかを明確にします。

②本時でどのような資質・能力を育成するのか

　単元全体で何を育成しなければいけないのかを確認した後は，本時では何の資質・能力を育成するのかを明確にします。1つの単元の中には，複数の問題解決が想定されます。そのため，ここでは思考について重点的に指導しようとか，ここでは知識を習得させることを重点的に指導しよう，などと決めます。その際に**参考になるのが教科書会社から出ている教師用指導書になります。**

③子どもの姿からどのような力が不足しているのか

　単元全体や本授業でどのような資質・能力を育成するの

かを決めたとしても，学級の子どもたちがどのような状況なのかを意識して授業づくりを考える必要があります。

　教師用指導書に書かれている力だからといって，必ずしも学級の子どもたちにその方法や授業展開がマッチしているとはいえません。そのため，**学級の子どもたちの実態に合った授業展開をしていくことが大前提**となり，どの程度まで子どもたちに考えさせ，どの程度まで習得させることがよいのかを考えることが大切になります。

授業案作成で参考になる資料を集める

①教科書

　まずは，「学習指導要領解説」といいたいところですが，それは前提として教科書から説明していきます。

　教科書は，授業の中で子どもも教師も一緒に使っていく「授業の道しるべ」として活用していくものです。**授業案を作成する際にはまず教科書を見て，どのような授業の流れなのか，どのような実験を行っているのか，どのような写真や資料が掲載されているのかなどを，単元全体を通してみていく必要があります。**授業案作成は，教科書に載っている情報を使ってしていきます。そのため，教科書を最初に見ておくことは大切なのです。

　もちろん，学習指導要領に掲載されている中身を達成していれば，教科書とまったく同じように授業を進める必要はありません。子どもの実態に即して進め方を変えていくことも必要です。しかし教科書とまったく異なる展開で行

う場合は，それ相応の事前の教材研究をしておかなければうまくいきません。また，業者テストを学校で活用する場合，教科書に即してつくられていることが多く，授業内容とテストの内容が異なることに留意が必要です。

②教師用指導書

　教師用指導書は，教科書会社から出されているもので，教科書をどのように活用するのかが説明されています。**教師用指導書のよいところは，教科書会社がどのような授業展開を想定してページ構成を考えているのかがわかるところです。**

　教科書は子どもたちが活用するもので，教師のためにつくられてはいません。そのため，どのように活用するのか，このタイミングでどのような声かけをするのか，どういう点に留意しなければいけないのかについて参考にします。

　授業案を作成する際には，教師側の指導や声かけの意図を明確にしていく必要があります。**教師用指導書を使用して，単元や本授業の目標，具体的な方法やその意図等を考えていきます。また，授業案の中の「単元指導計画」を書く際には，教科書で想定されている，どの場面にどれだけの時間をかけるのかについての見通しが参考になります。**さらに，どの時間に何の観点を評価することがよいのかについての提案も参考になります。なお，単元指導計画や評価規準については各教科書会社の WEB サイトでも紹介されていますので，そちらを参考にすることもできます。

③デジタル教科書，デジタル教材

デジタル教科書，デジタル教材は，これからの一人一台端末時代において活用が期待されるものになります。これらには，紙の教科書と違って，動画や音声が入ったり，関連する外部の情報へアクセスできたりするなど，これまでなかった機能が含まれています。**教師がこれらを活用して授業をする際には，これらの中にどのようなコンテンツが含まれているのかということを事前に把握しておくとよいでしょう。**

授業案を作成するにあたっては，**理科はあくまでも実物を見たり触ったりすることが中心**にはなりますが，どの場面でデジタル教材を使うことが有効であるのかを考え，授業案の中に示しておくとよいでしょう。

④教師用の理科教育書

理科教育書とは，書店に売っている教師用の指導に関する書籍になります。本によっては，これから自分が行おうとしている単元の授業について書かれているものがあります。具体的には，教科書には書かれていない別の授業展開や，授業の工夫の方法，考え方について書かれています。

指導方法に正解はありません。しかしながら，**学級の子どもに合わせた授業をつくるには，様々な授業方法を知り，最終的にどの方法がよいのかを授業者が判断していく必要があります。**その際の"引き出しを増やす"という意味で，教師用の理科教育書は参考になります。

授業案の作成内容

授業案にどのような項目を書くのか

　授業案はこれまでもつくられてきたと思いますが，学校によってその様式は異なります。そのため「これが正解」というきまりはありません。学校の研究方針によって書き記す内容が異なります。しかし，一般的に書く情報や新しい学習指導要領の趣旨を考えると，この情報が必要，考えやすい手順というのはあります。

　授業案は，「細案」と「略案」があり，それぞれ書く内容がだいたい決まっています。細案は，単元指導計画が含まれるため，単元全体の中での本時の位置付けがわかり，大きな研究授業等で使用されます。一方の略案は，Ａ４用紙１枚程度にまとめるなど，本時の内容に絞って授業案を簡便に書き示したものとなります。日頃の授業で１時間ごとの指導計画を書く場合，毎回「細案」を書いていると時間がかかるため，「略案」を使うことが多いです。

　ここでは，右の表のような項目で授業案を書くことにし，特に「細案」の書き方について説明します。そして，新学習指導要領になったことで，何に気を付けて授業案を書けばよいのか，どのような手順で書き，どの様な点に注意したらよいのかについて，解説していきます。

細案と略案の違い（今回の場合）

細案	略案
1　学年，単元名	1　学年，単元名
2　単元の目標	
3　単元について	
4　児童について	
5　単元指導計画	
6　本時の学習指導	2　本時の学習指導
(1)目標　(2)展開	(1)目標　(2)展開
(3)評価	(3)評価

授業案作成で押さえるポイントとは

　授業案作成の際に，いくつか押さえなければいけないことがあります。留意すべきポイントや，合理的な授業案作成の手順について説明していきます。

　授業案作成にあたって，まずは，①「育成したい資質・能力」を単元全体からみて，どこで何を育成（評価）するのかはっきりさせる必要があります。育成したい「資質・能力」がはっきりしたら，次に「どのように育成するのか」を考える必要があります。その際，②本時の「問題」を何にして，どのように導入をするのか，③授業の中で何を考えさせたいのか，④教師がどのように発言すれば子どもが主体的に考え，活動できるのか，に留意して書き込んでいきたいものです。以降で具体的に説明していきます。

①単元全体からみて，どこで何を育成（評価）するのか

　単元で育成したい「資質・能力」は学習指導要領や教師用指導書に示されています。これを受け，授業案の単元指導計画で単元のどこの授業で何を教えるのか，そしてどの資質・能力を育成するのかを整理します。「資質・能力」の評価として，「知識・技能」「思考・判断・表現」「主体的に学習に取り組む態度」の3つがあるため，具体的にどこで何を育成（評価）するのか，はっきりさせておきます。その際，1授業時間の中で全員を見取ることができない場合や，ノートなどに記録して後でできているかどうか見取る場合，複数単元を通して子どもたちの成長を見取る場合など，様々な見取り方がありますので，工夫しながら子どもの見取りを行いたいです。

②本時の「問題」を何にして，どのように導入をするのか

　授業の「問題」は，教科書に載っている問題で進めることが多いかもしれません。これまでの授業では，授業の導入で一部の子どもをあてて決めたり，教科書の問題に近くなるように誘導したりすることが多かったといえます。それは，これまでは「子どもたち自身が問題を見いだすこと自体を評価する必要がなかったため，一人ひとりが問題を見いだしたかどうかは重要ではなかった」からであるといえます。しかし，新しい学習指導要領では，「子ども一人ひとりが自分自身の力で問題を見いだせたかどうか」を見取り，評価する必要があります。したがって，これまで以

上に問題を見いださせるための導入を丁寧にする必要が出てきました。

③授業の中で何を考えさせたいのか

　各授業には子どもたちに「考えさせたいこと」があるはずです。しかし，活動あって学びなしの授業や，本来子どもが考えるべきことを先生が教えてしまう授業がみられます。

　授業を行う前に，一度「子どもに何を考えさせることが大切なのだろうか」「何の力をつけたいのか」と授業の展開をみてしっかりと考えておきたいです。まず優先させたいのは，学年や内容によりますが「問題を見いだす」「根拠のある予想」「解決の方法を発想する」「より妥当な考えをつくりだす」を自分で考えられるようにしたいです。

④教師がどのように発言すれば子どもが主体的に考え，活動できるのか

　授業全体を通して，「問題を見いだす」「根拠のある予想」「解決の方法を発想する」「より妥当な考えをつくりだす」など，子ども主体で問題解決を行うのが理科の基本的な考え方です。そうであれば，教師が誘導やお膳立てをしすぎないことを意識する必要があります。そのために，どのように声をかければ子どもが主体的に問題解決をするのか，という教師の授業内での発言の仕方はこれまでの方法から再考する必要があると考えられます。授業案では，あ

らかじめ教師の発言（T），子どもの想定される発言（C）を書いてシミュレーションするとよいと思います。

授業案の一例（学校によって異なる）

理科学習授業案

令和○年○月○日第○校時
授業者　○○　　○○
指導教員　○○　　○○先生

1　学年，単元名
第6学年「水よう液の性質とはたらき」

2　単元の目標
水に溶けている物に着目して，それらによる水溶液の性質や働きの違いを多面的に調べる活動を通して，水溶液の性質や働きについての理解を図り，観察，実験などに関する技能を身に付けるとともに，主により妥当な考えをつくりだす力や主体的に問題解決しようとする態度を育成する。

3　単元について
本単元の学習内容は，第5学年で学習した「物の溶け方」からつながる単元である。ここでは，大きく①「水溶液には，酸性，アルカリ性及び中性のものがあること」，②「水溶液には，気体が溶けているものがあること」，③「水溶液には，金属を変化させるものがあること」の3つの内容について学習する。

本単元では，水溶液の性質や金属の質的変化について，リトマス紙や石灰水，金属の溶け方の反応など，多面的に調べた結果を水溶液ごとに表に整理したり，そこから考えたことを図や絵，文を用いて表現したりすることなどを通して，水溶液の性質についてより妥当な考えをつくりだし，説明する活動の充実を図るようにする。

4　児童について
本学級の児童は，日頃から実験等の活動に対しては積極的であり，理科の学習全般で意欲的に取り組む児童が多い。また，自らの問題をもち，自分自身で探究しようとする意欲もみられる。しかしながら，問題に正対した実験結果の整理や考察は十分にできているとはいえず，これからの課題である。

そのため，本単元を通して水溶液の性質や金属の質的変化について，多面的に調べた結果から考えたことを図や絵，文を用いて表現するなど，説明する活動に時間を十分に設定し，児童一人ひとりに「どのような結果から何がわかるのか」を意識させ，結果の解釈の仕方に重点を置くことで，問題に正対した実験結果の整理を基に，考察がより妥当な考えになるようにしたい。

各項目の留意点

1 学年，単元名

　学習指導要領の項目ではなく，教科書に書かれている単元名を書きます。表記は教科書会社によって異なります。

2 単元の目標

　「小学校学習指導要領解説　理科編」の中にある，該当単元の「目標」や「内容」の四角で囲まれた部分の下を参考にして書きます。教師用指導書でもかまいません。

3 単元について

　左の見本の場合，第1段落では「学習する内容」，第2段落では「本単元を通して何を育成したいのか」を書いています。

　ここでは，他の学年の単元とどのようにつながっているのかを書いたり，子どもの実態と関係付けて育成したい内容を書いたりします。単に該当単元での学習内容を書くだけではなく，学習内容から何を育成したいのかという，指導者の思いを書くことが重要です。

4 児童について

　子どもの様子を書き，日頃の課題を示します。その課題に対して，本時ではどのような方法でその課題に挑むのかについて，授業者の思いを書きます。

5 単元指導計画（16時間扱い）

指導区分		時間		学習活動
第1次	水溶液に溶けている物	6	1	・マンガを読んで，水溶液の違いについての問題を見いだす ・食塩水，石灰水，アンモニア水，塩酸，炭酸水にはどのような違いがあるか予想し，違いを調べる方法を考える
			1	・5種類の水溶液の違いを調べる（実験1）
			1	・実験結果を基に，水溶液には固体が溶けているものがあることをまとめる
			1	・炭酸水には何が溶けているのか調べる（実験2）
			2	・二酸化炭素は水に溶けるか調べる（実験3） ・実験2と実験3の結果を基に，炭酸水には二酸化炭素が溶けているか考え，まとめる ・水溶液には気体が溶けているものがあることをまとめる
第2次	水溶液の仲間分け	2	1	・リトマス紙を使って，水溶液を仲間分けする（実験4）
			1	・水溶液は，酸性，中性，アルカリ性に仲間分けできることをまとめる ・身の回りのいろいろな水溶液をリトマス紙につけて，性質を調べる
第3次	水溶液の働き	8	2	・水溶液には金属を変化させる働きがあるか予想し，金属に塩酸や炭酸水を注ぐとどうなるかを調べ，まとめる（実験5）【本時】
			2	・塩酸に溶けた金属はどうなったのかを予想し，調べる方法を考える ・塩酸にアルミニウム（または鉄）が溶けた液を蒸発させて，溶けた金属を取り出すことができるか調べる（実験6）
			1	・液を蒸発させて出てきた固体の性質を調べる方法を考える
			2	・自分たちで考えた方法で，固体の性質を調べる（実験7） ・水溶液には金属を変化させるものがあるか考え，まとめる
			1	・水溶液の性質と働きについて，学習したことをまとめる

各項目の留意点

5 単元指導計画

　単元指導計画では，本時の授業をするまでに何を学習しているのか，この後どのような学習があるのか，全体を確認しておかないと，本時の授業の指導内容がよいのか悪いのかが第三者には理解できません。そのため，単元全体の流れを示し，本時の授業が単元指導計画内のどこに該当するのかを示します。

　今回の「水溶液の性質」の単元では，教科書の学習内容が３つに分かれている（これを「『次』に分ける」という）場合を示しています。教科書会社が示している本単元の授業時数は16時間扱いですが，「ここの部分をもう少し手厚く指導したい」と考えるならば，授業者の判断で授業の時間を多少増減することは可能です。その際，別の単元の授業時間を減らさなければならない場合があることには注意が必要です。

6 本時の学習指導 (1)目標

　授業をする本時の目標を書きます。どのようにして１時間ごとの目標を設定しているのかは，教科書会社の WEB サイトの指導資料や教師用指導書が参考になります。

6　本時の学習指導

(1)目標

　水溶液に入れたときの金属や水溶液の変化の様子について，水溶液による金属の質的変化に着目し，複数の実験結果からより妥当な考えをつくりだし，表現するなどして問題解決している。

(2)展開

学習活動	指導上の留意点（○）と評価（◇）
1　自然事象に対する気付き ・酸性雨で変化する前後の銅像を比較し，水溶液が金属を溶かすことについて問題を見いだす T：この2つの銅像は何か違いがあるかな C：片方の銅像は縦の模様があるよ	○次の薬品や材料を準備する ・水溶液：うすい塩酸（3N），水の入った2種類の試験管 ・金属：アルミ箔，スチールウール
2　問題の見いだし ・ノートに自身の問題を書く T：では，この2つの銅像を見て自分の問題を書きましょう T：自分の問題を発表してもらいます C：どうして銅像に縞模様ができるのか C：酸性雨が銅像を溶かすのだろうか T：酸性の性質がある液が金属を変化させるということ？ T：では学級の問題をつくりましょう 水溶液には，金属を変化させるものがあるのだろうか	○まずは各自がノートに自分なりの問題を書くことにより，主体的に学級での問題づくりに取り組むことができるようにする
3　予想 ・生活経験から「水溶液には，金属を変化させるものがあるのだろうか」について予想する	○予想は，根拠までは出にくいが，どうなりそうかという簡単な予想程度でも行う
4　実験方法の計画 T：酸性雨と同じような成分のある「うすい塩酸」を使って調べてみましょう。どういう方法で「水溶液には，金属を変化させるものがあるのだろうか」を調べられるかな C：金属にうすい塩酸をかけるといい	○塩酸は，児童から出てこないので，教師から提示する ○試験管につける方法を提示する（シャーレに置いてかける方法でもよいが，早く結果を出すために多めにかけるように助言する）
5　実験・観察 ・実験道具や材料の確認をする ・安全のための確認をする ・経過時間をみながら「うすい塩酸－アルミニウム」「うすい塩酸－鉄」「炭酸水－アルミニウム」「炭酸水－鉄」の変化の様子観察し，記録する T：反応している試験管を触ってみよう ・先ほど記録した内容を再確認し，よりよい観察記録はどのようなものなのか　班で話し合う ・「うすい塩酸－アルミニウム」「うすい塩酸－鉄」「炭酸水－アルミニウム」「炭酸水－鉄」の変化の様子観察し，記録する	○安全のため，以下のことを確認する ・換気や臭い方 ・試験管への金属の入れ方（斜めにする） ・塩酸がついたときの対応 ○観察記録では，次のことに留意する ・観察の視点として，「金属の変化」「金属の周辺の変化」「液体の変化」など幅広く観察するように指示する ・記録の方法として，「主語」と「反応」を明確にし，反応の様子を数値を使うなどしてくわしく書く

各項目の留意点

6　本時の学習指導 (2)展開

　問題解決過程に沿って授業を行います。1時間で全ての問題解決過程を終わらせることができない授業もあります。そのため，次の時間に予想の場面から始めることにして，本時では問題意識をもたせるまでを1時間にしたり，次の時間に実験から始めることにして，本時では実験計画を立てるところまでを1時間にしたりして，問題解決過程の一部を，本時の授業案として書くこともあります。

　今回の授業案では，学習活動を「1　自然事象に対する気付き」から「6　結果と考察」の6つに分けて書いています。「・」は，その場面で行うことを書き，そのために先生の発言を「T」，想定できる子どもの発言を「C」としました。単に「・」の手順を示しただけだと，活動の流れはわかるものの，実際にどのように先生や子どもが動くのかを想定しにくいため，「T」や「C」をあらかじめ考えたいところです。

　【問題（主発問）について】
　　学習活動の中の四角で囲まれている「問題」は，授業全体を左右する重要な部分であるので，しっかり考えたいところです。
　　問題は子どもの疑問から生まれるものなので，「～だろうか」「～なのかな」と，疑問形にします。

6　結果と考察	
・結果をまとめる	○「結果」と「考察」の違いを確認することによ
T：ノートに結果をまとめましょう	り，事実を基に考えることが大切であることを
・4種類の実験について，時間に沿った変化の様子を	捉えるようにする
班ごとに発表する	・結果のまとめ：時系列による反応の様子や，各
T：各自でまとめた結果を班で発表しましょう	金属がうすい塩酸に溶けるという事実を整理す
	る
うすい塩酸－アルミニウム→溶けた	
炭酸水－アルミニウム　　→溶けない	
うすい塩酸－鉄　　　　　→溶けた	
炭酸水－鉄　　　　　　　→溶けない	
・各班の結果を板書して整理する	○他の班の結果も踏まえて考察を行うことで，再
T：では各班がどうだったか確認します	現性（誰が何度やっても同じ結果になる）とい
・考察する（授業の目的を振り返り，結果からわかる	う側面から検討していることを意識するように
ことをまとめる）	する
T：ノートに考察を書きましょう	○学級でのまとめの前に，自分自身で考察を書か
	せることにより，学級全体での話し合いに主体
うすい塩酸に入れたアルミ箔やスチールウールが溶	的に取り組むことができるようにする
けた。炭酸水は変化がなかった。このことから酸性	◇水溶液に入れたときの金属や水溶液の変化の様
の水溶液には，金属を溶かすものがあることがわか	子を，水溶液による金属の質的変化に着目し，
った。酸性雨も同じように，銅像を溶かしていそう	複数の実験結果からより妥当な考えとして，表
だ。	現することができたか
T：アルミニウムの実験でわかったことを発表しても	
らいます	
C：炭酸水に入れてもアルミニウムは変化しなかった	
のに，うすい塩酸に入れると溶けた。このことか	
ら，うすい塩酸はアルミニウムを溶かす働きをも	
つ液体ということがわかった	
T：鉄の実験でわかったことを発表してもらいます	
T：銅像に縞模様ができたのは，酸性雨という酸性の	○導入の「銅像の話」に戻り，実験結果を基に考
液体で，銅が溶けたといえそうだね	えることにより，学習内容を深く理解できるよ
結論：水溶液には，金属を変化させるものがある	うにする

(3)評価
・水溶液に入れたときの金属や水溶液の変化の様子について，複数の実験
　結果からより妥当な考えをつくりだし，表現するなどして問題解決をし
　ている。　　　　　　　　　　　　　　　　　　　　〈思考・判断・表現〉

各項目の留意点

6 本時の学習指導 (3)評価

　新学習指導要領では，3つの評価観点があるので（「知識・技能」「思考・判断・表現」「主体的に取り組む態度」），本時では何の観点を評価（一番育成したいこと）するかを選んで書きます。

　左の例のように，1時間で何個も評価をすることは物理的に難しいため，ここでは1つにしています。各評価の観点も，「思考・判断・表現」や「知識・技能」が書かれることが多いです。1時間だけで「主体的に学習に取り組む態度」を評価することは難しいため，この観点は単元全体を通して評価していくことが大切となります。この部分は，以前の学習指導要領の「関心・意欲・態度」とは少し異なるといえるでしょう。

※指導上の留意点

　ここには，指導上の留意点だけではなく，安全上の留意点，教材を使用する上での工夫や注意すべき点など，様々なことを書いてかまいません。

　授業の経験が浅い方は，現段階で授業を行うにあたって自分自身が配慮できているのか，たくさん書いてみるとよいでしょう。

授業案作成は核心部分から順に考える

　ここでは授業案を作成するにあたって何を意識し，どういう順番で授業案を作成すればよいかについて述べます。

　みなさんはどういう順番で授業案を書かれていますか？前から順に書く人や，本時の部分を作成してから書く人など，様々いらっしゃると思います。新しい学習指導要領になるため，これまでと同様に授業案をつくればよいかといえばそうではなく，少し注意が必要になります。なぜならば新学習指導要領では「資質・能力」や「見方・考え方」という新しい言葉が入り，授業案作成においても意識しなければいけないポイントが出てきたからです。

　今回は，見方・考え方を意識した授業案の作成について述べていますが，大前提として本単元や本時の中でどのような力を育成するのかという，「育成したい資質・能力」を明確にする必要があります。それを決めた上で，次のような５つの手順を意識して授業案を作成します。

　手順の①から⑤を見てみると，授業案の書かれている順番ではないことがわかります。**授業案の作成は，まず育成したい資質・能力を決め，そこから資質・能力の育成につながる「見方・考え方」を意識して作成していくことになるわけです。**つまり，核心の部分から順に決定して，肉付けしていくことになります。

①本時の考察や結論にどのような見方が反映されているか

②本時の見方が反映されているような問題を設定しているか

③本時の見方が働くように自然事象との出合いを考える

④本時で育成したい問題解決の力から，本時で主に働かせたい考え方を設定する

⑤本時で考え方が働くように手立てを考える

　各手順の具体的な説明は，次ページから行います。本時の授業案を作成するにあたり，まず概略を確認します。

　手順①では，本授業の結論の部分において，習得させたい知識につながる見方が反映されているかを考えます。つまり授業の最後の部分でどのようにまとめたいかを先に考えるのです。その際本時の「見方」も，考察や結論に反映させるようにします。第6学年の水溶液の単元であれば「粒子」領域なので，「蒸発させたときに残るものと残らないものがある」のような「性質」に着目した考察や結論になっているかを考えるわけです。

　手順②では，考察や結論で反映させた見方に正対する問題を考え，手順③では，その問題につながる導入（出合い）を考えます。ときおり，問題と結論が正対していない授業が見受けられますが，問題を科学的に解決するにあたって，この部分がぶれてはいけません。

　本時を行うにあたって，一貫した「見方」が決まれば，次は，手順④⑤のように本時で主に育成したい問題解決の力につながる「考え方」を決めます。

授業案の作成手順①
本時の考察や結論に
どのような見方が反映されているか

　ここでは授業案の見本を基に，まず「見方」をどのように本時の授業案の中に反映させるのかという，授業案作成の手順を解説していきます。46ページでも述べたように，授業案の作成はまず育成したい「資質・能力」を決めることが前提となります。今回の授業案では，第6学年「水よう液の性質とはたらき」で，「思考・判断・表現」の「水溶液に入れたときの金属や水溶液の変化の様子について，複数の実験結果からより妥当な考えをつくりだし，表現するなどして問題解決している」ことが評価の観点になります。この「資質・能力」（ここでは，より妥当な考えをつくりだし表現すること）の育成につながるように「見方・考え方」を働かせる必要があります。

　手順①では，「本時の考察や結論にどのような見方が反映されているか」がポイントとなります。60ページの授業案の考察部分を確認すると以下のように書かれています。

うすい塩酸に入れたアルミ箔やスチールウールが溶けた。炭酸水は変化がなかった。このことから酸性の水溶液には，金属を溶かすものがあることがわかった。酸性雨も同じように，銅像を溶かしていそうだ。

　この部分にどのような「見方」が反映されているかを確

認すると下線部にあることがわかります。

　第6学年「水よう液の性質とはたらき」は，「粒子領域」といわれる，いわゆる化学分野になります。この「粒子を柱とする領域」で主に働かせる見方は「質的・実体的」な見方になります。質的な見方は，物質それぞれがもつ特有の性質に着目して問題解決を進めていくことで，一方の実体的な見方は，目に見えないものであっても実体として存在している前提で問題解決を進めていくことです。

　本時は，複数の酸性の水溶液にアルミニウムや鉄などの金属を入れ，溶けるかどうかを検証していく授業です。そのため，複数の水溶液と溶かす金属を組み合わせて検証しているわけですから，水溶液の「質的」な部分に着目して検証しているといえます。

　授業案に戻りましょう。左ページの四角囲み部分の最初，「うすい塩酸に入れたアルミ箔やスチールウールが溶けた。炭酸水は変化がなかった」は，結果（事実）を書いている部分で，複数の水溶液や金属について触れています。また，後半の「酸性の水溶液には，金属を溶かすものがある」という部分では，「金属を溶かすものがある」と，溶かすものもあれば溶かさないものもあるという，水溶液の性質に着目して考察が書かれています。

　このように，**授業の最後である考察や結論でどのようにまとめるか決めますが，その際にどのような見方を働かせるのかを確認し，考察や結論にその見方が反映されているかどうかを確認することになります。**

授業案の作成手順②
本時の見方が反映されているような問題を設定しているか

　手順①では，考察や結論でどのような見方を働かせるのかを確認し，見方が反映されているかどうかを確認しました。手順②では，本時で働かせる見方が「問題」の中に反映され，設定されているかどうかを確認します。

　もともと授業の「問題」と「考察や結論」は正対している必要があります。例えば，「振り子の１往復する時間は何によって変わるのだろうか」という問題であれば，「振り子の１往復する時間は振り子の長さが変わったときのみ変化した。このことから，振り子の１往復する時間は振り子の長さに関係があり，振り子が長くなるほど１往復の時間が長くなることがわかった」のように**問題に対する答えになる形で考察や結論を整理していく**ことになります。

　今回の授業案では，考察や結論が以下のようになります。

　うすい塩酸に入れたアルミ箔やスチールウールが溶けた。炭酸水は変化がなかった。このことから酸性の水溶液には，金属を溶かすものがあることがわかった。酸性雨も同じように，銅像を溶かしていそうだ。水溶液には金属を変化させるものがある。

　ここで，本時の考察や結論に対して，次の問題が正対しているのかどうかを確認してみましょう。

> 水溶液には，金属を変化させるものがあるのだろうか

　まず，考察や結論に対して正対するような問題になる必要があります。ここでは，「……金属を変化させるものがあるのだろうか」という問題に対して考察や結論も「……酸性の水溶液には，金属を溶かすものがある……」というように正対していることがわかります。これで，まず問題と考察や結論が正対していることが確認できました。

　次に「本時の見方が反映されているような問題を設定しているか」どうかを確認してみましょう。考察や結論の部分では，「質的・実体的」な見方の「質的」な見方を特に働かせていて，「金属を溶かすものもあれば溶かさないものもある」という，水溶液の性質に着目して考察が書かれています。つまり，考察や結論の部分で「物質によって性質が異なるのではないか」という「質的」な見方が反映されているため，問題でも同様の見方を設定する必要があるわけです。考察や結論で質的な見方を働かせているということは，問題の設定の段階からすでに「質的」な見方を働かせ，問題解決の過程で一貫して同じ質的な見方を働かせているはずです。問題を見ると，「……金属を変化させるもの……」というように，問題でも考察や結論の部分と同様に「質的な変化」に着目して問題を設定しています。

　このように，「問題」が考察や結論に正対するようにして，考察や結論と同じ「見方」になるような問題設定が必要になります。

授業案の作成手順③
本時の見方が働くように
自然事象との出合いを考える

　手順②では，「問題」が考察や結論に正対し，考察や結論と同じ「見方」になるように問題の設定をしました。手順③では，子ども自身が「問題」を見いだし，本時の見方が働くような自然事象との出合い（導入場面）を考えます。

　手順②でも述べたように，問題を設定する段階ですでに「見方」（質的な見方）が含まれ，その見方が問題解決の過程で一貫して働いており，考察や結論まで続きます。

　自然事象との出合いを考える前に，前提として確認したいことは，「問題」は子ども自身が見いだすことが重要であることです。教師が主導して強引に問題を出しても子どもの「自分事としての問題」になっていないため，その後の問題解決で主体的に取り組むことができません。したがって，自然事象との出合いは，子ども自身が問題を見いだせるようにする出合い（導入）でなければなりません。

　今回の授業案の問題は以下のようになっています。

> 水溶液には，金属を変化させるものがあるのだろうか

　今回は，この問題を子ども自身が見いだせるような自然事象との出合い（導入）を考えます。58ページの授業案の導入場面を見てみましょう。

> **1 自然事象に対する気付き**
>
> ・酸性雨で変化する前後の銅像を比較し，水溶液が金属を溶
> 　かすことについて問題を見いだす
>
> Ｔ：この２つの銅像は何か違いがあるかな
>
> Ｃ：片方の銅像は縦の模様があるよ
>
> **2 問題の見いだし**
>
> ・ノートに自身の問題を書く
>
> Ｔ：では，この２つの銅像を見て自分の問題を書きましょう
>
> Ｔ：自分の問題を発表してもらいます

　導入場面は，「１　自然事象に対する気付き」と「２
問題の見いだし」の２つの段階を踏んでいます。

　まず，「２　問題の見いだし」では，「……自分の問題を
書きましょう」とあるように，自然事象と出合わせた後，
子どもに自身の問題を書くように促しています。本時は，
複数の酸性の水溶液にアルミニウムや鉄などの金属を入れ，
溶けるかを検証する授業です。実験では複数の酸性の水溶
液やアルミニウムや鉄などの金属を使いますが，先生から
「複数の酸性の水溶液でアルミニウムや鉄などの金属が溶
けるかどうか調べてみましょう」とは言えません。教師主
導の強引な声かけだからです。ここでは，酸性雨で変化す
る前後の銅像の写真を提示し，「水溶液が金属を溶かすの
ではないか」という問題になるよう促します。

　このように，**子ども自身が問題を見いだせるように身近
な事象を提示して問題につながるように考えていきます。**

授業案の作成手順④
本時で育成したい問題解決の力から，
本時で主に働かせたい考え方を設定する

　手順③では，子ども自身が「問題」を見いだし，本時の見方が働くような自然事象との出合い（導入場面）を考えました。手順④では，本時で育成したい問題解決の力から，本時で主に働かせたい「考え方」について考えます。

　小学校理科での「考え方」は，以下の4つです。

> 　比較，関係付け，条件制御，多面的に考えること

　これら4つの「考え方」は，各学年で育成する「問題解決の力」と関係しています。「問題解決の力」とは，各学年で育成する「資質・能力」のうちの「思考力，判断力，表現力等」のことで，以下のようになっています。

> 第3学年：差異点や共通点を基に，問題を見いだす
>
> 第4学年：既習の内容や生活経験を基に，根拠のある予想や仮説を発想する
>
> 第5学年：予想や仮説を基に，解決の方法を発想する
>
> 第6学年：より妥当な考えをつくりだす

　「比較」は，学習指導要領解説に「……を比較しながら，……主に差異点や共通点を基に，問題を見いだす力や……を育成することがねらいである」とあるように，「問題を見いだす」ために働かせる考え方になります。

「関係付け」は，「……を関係付けて，……主に既習の内容や生活経験を基に，根拠のある予想や仮説を発想する力や……を育成することがねらいである」とあるように，「根拠のある予想や仮説を発想する」ために働かせる考え方になります。

「条件制御」は，「……条件を制御しながら，……主に予想や仮説を基に，解決の方法を発想する力や……を育成することがねらいである」とあるように，「解決の方法を発想する」ために働かせる考え方になります。

「多面的に考えること」は，「……多面的に調べる活動を通して，……主により妥当な考えをつくりだす力や……を育成することがねらいである」とあるように，「より妥当な考えをつくりだす力」を育成するために働かせる考え方になります。

このように，「比較」「関係付け」「条件制御」「多面的に考えること」という「考え方」は，資質・能力の思考面である「問題解決の力」とかかわりが強いといえます。

今回の授業案では，第6学年なので，育成したい「資質・能力」は「より妥当な考えをつくりだす」ことになります。「より妥当な考えをつくりだす」ために働かせたい「考え方」は，「多面的に考えること」になります。

このように，本時で主に働かせたい「考え方」を設定する際は，本単元が第何学年の内容なのかを確認し，その学年の「考え方」を設定するとよいでしょう。

授業案の作成手順⑤
本時で考え方が働くように手立てを考える

　手順④では，本時で育成したい問題解決の力から，本時で主に働かせたい「考え方」を設定しました。手順⑤では，手順④で設定した「考え方」が，本時で働くように手立てを考えます。

　今回の授業案では，第6学年であるため「……多面的に調べる活動を通して，……主により妥当な考えをつくりだす力や……を育成することがねらいである」とあるように，「多面的に調べる活動を通して」考えることが，本時で考え方が働くようにする手立てであるといえます。今回の場合「結果と考察」の場面で，各班がどうだったか確認することが「多面的」に調べることにつながるため，手立てとなります。

・結果をまとめる

　T：ノートに結果をまとめましょう

・4種類の実験について，時間に沿った変化の様子を班ごとに発表する

　T：各自でまとめた結果を班で発表しましょう

　うすい塩酸－アルミニウム→溶けた

　炭酸水－アルミニウム　　→溶けない

　うすい塩酸－鉄　　　　　→溶けた

　炭酸水－鉄　　　　　　　→溶けない

・各班の結果を板書して整理する

　Ｔ：では各班がどうだったか確認します

・考察する（授業の目的を振り返り，結果からわかることをまとめる）

　今回は第6学年なので，結果と考察の場面で「複数の結果から検討する」（多面的に調べる活動を通して）ことが手立てとなりました。では他の学年ではどうでしょうか。

　第3学年は，「問題を見いだす」ために「比較」という考え方を働かせることになります。そのため，第3学年での手立てとしては，問題を見いだす導入の場面で「比較しやすいように対比できるものを提示」したり，「今見ている事象と過去の経験を対比できるように過去の経験を想起」したりすることが考えられます。

　第4学年は，「根拠のある予想や仮説を発想する」ために「関係付ける」という考え方を働かせることになります。そのため，第4学年での手立てとしては，根拠のある予想や仮説を発想する予想や仮説の場面で，「予想の根拠となる過去の経験を想起」したり，「他者の予想や根拠を交流し共有」したりすることが考えられます。

　第5学年は，「解決の方法を発想する」ために「条件を制御する」という考え方を働かせることになります。そのため，第5学年での手立てとしては，解決の方法を発想する計画の立案の場面で，「条件を変えて比べる際に，変える条件を明示」したり，「過去に行った使えそうな実験方法を想起」したりすることが考えられます。

コラム

人に授業の意図を伝えることと，
授業者の頭の整理の役割をもつ授業案

　授業案は，研究授業の際につくることが一般的です。校内で年に1～2回，他の先生方に自分の授業の方法がどうなのかについてコメントをもらい，自分の授業力の向上に生かしていくために必要なものです。そのため，授業案を作成する際には，授業をしていく上で自分自身（授業者）が「何を意識して授業しているのか」が相手に伝わらなければいけません。つまり，授業をするにあたっての自分の考えや授業の意図を，授業参観する人たちに理解してもらうということが必要になるわけです。授業案の書き方としては，単に「授業の流れ」を書くだけではなく，どのような意図や目的があり，その意図や目的を達成するためにどのような指導方法を入れるのかという両方がセットで書かれていることが必要になります。

　授業案を書く際には，単に授業の流れを書いて，授業の中身を「わかったつもり」になってはいけません。本時の授業案を書く際には，具体的に先生がどのように発言し，子どもがどのように考えたり，発言したりするのかという想定を可能な限り事前に行い，授業のシミュレーションをする必要があります。自分自身の授業の想定を曖昧にせず明文化することは，自分自身の力量を確認することや，自分自身（授業者）の頭を整理することにつながります。

3章

エネルギー領域
「量的・関係的」な見方を
働かせること

「量的・関係的」な見方【エネルギー】
【ともに変化する2つの量に目を向ける】

棒の中心からはなれるにつれて，
手ごたえが小さくなるように感じる…
中心からのきょりと手ごたえにどんな関係が
あるのかな？

　大型てこで手応えを体験した後に，てこ実験器を使って再度手応え
の変化を感じます。そのとき，支点から離れるにつれて，指先に感じ
る手応えが変化することに気付きます。伴って変わる2つの量の関係
はどうなっているのか，数字にしてくわしく調べようとするとき，
「量的・関係的」な見方が働いています。変化の仕方がどうなってい
るのかを実験を通して調べるためには，数値にすることが必要になる
でしょう。

【単元を超えて働く「量的・関係的」な見方】

　乾電池を１つから２つに増やすと豆電球の明るさはどうなるのかについて考えるとき，これまでに学習した光（と音）の性質について想起します。的に鏡で反射した光を集めると，１枚より２枚，２枚より３枚というように，集めるほど明るくなったり，温かくなったりしました。そこでの経験から，「量的・関係的」な見方を働かせて，乾電池の数を増やしたときの豆電球の明るさについて予想しました。この見方を働かせることで，簡易検流計で測る電流の大きさについても考えることができます。

「量的・関係的」な見方を働かせることとは

　「量的・関係的」な見方は，エネルギー領域を捉える主な視点です。2つの量がどのように関係しているのかという視点で，見えないエネルギーなどの自然現象を捉えようとするときに働かせます。自然の事物・現象における2つの量を，その関係性で捉えていきます。例えば，「鏡の数（○枚）と壁の温かさ（○℃）」「電池の数（○個）や電流の大きさ（○A）と豆電球が光る明るさ（暗い／明るい）やモーターの回る速さ（遅い／速い）」など，です。

　これまで定性的に捉えていたものを，長さ，重さ，個数などの量や数にして表すことによって，規則性を見いだしたり，共通の概念をもったりすることができます。また，1つの値を変化させたときに，もう1つの値も伴って変化するのではないかという視点で，実験の経過や結果を見るときに，この見方を働かせることができます。

　第5学年「電流がつくる磁力」を例に，量的・関係的な見方を紹介しましょう。

　「コイルの巻数が増えれば，電流は大きくなり，電磁石の力は強くなるだろう」という予想を子どもが立てます。しかし，コイルの巻数をどのくらい多くすると電磁石の力がどの程度強まるかは，人によって考えやイメージが異なります。

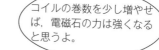

コイルの巻数をどんどん多くすれば，電磁石の力は強くなると思うよ。

コイルの巻数を少し増やせば，電磁石の力は強くなると思うよ。

2人とも言っていることは似ているけど，コイルをどのくらい多く巻けば，電磁石はどのくらい強くなるの？　電磁石の力はどうやって強いと判断できるの？

　そこで，量に着目することで，追究したい気持ちが高まり，観察，実験の視点が焦点化されていきます。

コイルの巻数を決めて，クリップが付く数で電磁石の力を調べてみよう。

　量を意識した調べ方で，以下の結果のようになりました。

コイルの巻数（回）	電流の大きさ（A）	クリップの数（個）			
		1回目	2回目	3回目	合計
50	1.2	3	3	3	9
100	1.2	7	8	8	23

　コイルの巻数の違いによるクリップの数の違いを「量的・関係的」な見方で考察することができます。

コイルの巻数と電磁石の強さは関係がありそうだね。

電流の大きさやコイルの巻数を変えれば，電磁石の強さを調整できそうだね。

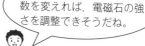

このようにして，エネルギー分野では2つの量が伴って変化するのか，比例の関係になっているのか，あるいは関係がないのかなどを見いだしていきます。

　なお，この学習場面の例では予想から考察について説明はしましたが，「コイルの巻数が増えると，磁力は強くなるのだろうか」という問題を導く際，すでに「量的・関係的」な見方が働いています。また，問題と考察は，正対していることも留意しておきたいです。

　見方・考え方の「考え方」にも，「関係」という文言があります。具体的には，「第4学年：自然の事物・現象を働きや時間などと関係付けながら調べること」（前学習指導要領解説）といったような内容です。「量的・関係的」の「関係」と，どのような違いがあるのでしょうか。

　見方の「関係的」と，考え方の「関係付け」は同じ関係という言葉が使われていますが，使われ方に大きな違いがあります。

　「考え方」で使われる「関係付け」は，自然の事物・現象の変化を，それにかかわる要因と結び付けたり，既習の内容や生活経験と結び付けたりすることなどを目的とします。この考え方によって，予想や仮説を立てる際に，既習の内容や生活経験に基づきながら根拠のある予想や仮説を発想することができます。また，観察，実験の結果や導出された結論を基に，再度，自分の予想の根拠にしていた過去の経験と結び付けて考える際にも必要な力になります。

エネルギー領域における「量的・関係的」な見方が働く例

第3学年

風とゴムの力の働き	風の強さやゴムの伸びる長さと，そのときの車の進む距離との関係に着目する
光と音の性質	鏡の枚数と壁の温かさの関係に着目する
磁石の性質	磁石の力とクリップの個数の関係に着目する
電気の通り道	回路になる・ならないときの明かりがつく関係に着目する

第4学年

電流の働き	回路を流れる電流の大きさや電池の数と豆電球の明るさやモーターの回転する速さとの関係に着目する

第5学年

振り子の運動	振り子の長さ，おもりの重さ，振れ幅の角度と振り子が1往復する速さや時間との関係に着目する
電流がつくる磁力	コイルの巻数や電流の大きさと磁力で引き付けられるクリップの数との関係に着目する

第6学年

てこの規則性	てこに加わるおもりの重さと，支点から力点や作用点までの距離との関係に着目する
電気の利用	手回し発電機で発電するために回す回数と豆電球や発光ダイオードが点灯する時間との関係に着目する

第3学年　風とゴムの力の働き

　この単元は，風とゴムの力の働きを調べる活動を通して，物を動かすことができることや，風とゴムの力の大きさを変えると物が動く様子も変わることを学習します。

　この単元では主に「量的・関係的」な見方を働かせ，風とゴムの力と動く様子に着目します。

　例えば，伸ばしたりねじったりすると元に戻ろうとするゴムの性質を生かして，ゴムで動く車をつくって遊びます。車が進んだ距離や，そのときのゴムの伸ばし具合（長さ）を量としてくわしく見たり，それら2つの量がどのような関係になっているのかを捉えようとしたりしていきます。風の力も，うちわで一定時間にあおぐ回数を量と捉え，そのときに進む車の距離をくわしく見たり，その2つの量がどのような関係になっているかを捉えようとしたりします。考え方としては，差異点や共通点を基に，問題を見いだす力を育成していくことになるため，主に「比較」という考え方を働かせることになります。

　風とゴムの力の大きさとそのときの物が動く様子を比べて，同じところや違うところを見つけながら疑問に思ったり，発見したりしたことをまとめ，「量的・関係的」な見方を働かせ，今後調べていくためのクラス共通の問題を見いだしていきます。

見方	量的・関係的な見方	・車が進んだ距離と，そのときのゴムの伸ばした長さにはどのような関係があるのか（ないのか）をみる ・車が進んだ距離と，そのときのうちわをあおいだ回数にはどのような関係があるのか（ないのか）をみる ・車が進んだ距離と，そのときの送風機の風量にはどのような関係があるのか（ないのか）をみる
考え方	比較する	・ゴムの元に戻ろうとする力の大きさと物の動く様子を比較しながら，その差異点や共通点を基にゴムの力の働きについての問題を見いだす ・物に風を当てたときの風の力の大きさと物の動く様子を比較しながら，その差異点や共通点を基に風の力の働きについての問題を見いだす

この単元の見方・考え方

──── 風とゴムの力の働き・学習指導計画 ────

第1次　ゴムの働き

○ゴムで動く車をつくる

○ゴールを決めてゴムで動く車を走らせてみる

○「量的・関係的」な見方

・車の進む距離（長さ）と，伸ばしたゴムの長さ

・2つの量にはどのような関係があるかに着目する

【考え方：問題を見いだす場面で比較する】
ゴムの元に戻ろうとする力の大きさと物の動く様子を比較しながら，その差異点や共通点を基にゴムの力の働きについての問題を見いだす

問題：ゴムの伸ばし方を変えると，物の動き方はどのように変わるのだろうか

予想：ゴムをたくさん伸ばすとゴールを通り過ぎてしまう。ゴムを短く伸ばすとゴール手前で止まる。その中間があると思う。

実験：ゴムの伸ばし方を変えたときの車の進む距離の変わり方を比べながら調べる。

結果：ゴムを10cm伸ばすと，車は5m進んだ……。

○「量的・関係的」な見方

・輪ゴムの太さや本数を変えてみる

考察・結論：ゴムの伸ばし方を変えると物の動き方が変わ

る。ゴムを長く伸ばすほど物の動き方は大きくなる。

第2次　風の働き

○風で動く車をつくり，うちわであおいで走らせる

○「量的・関係的」な見方
・車の進む距離（長さ）と，うちわであおいだ回数
・2つの量にはどのような関係があるかに着目する

【考え方：問題を見いだす場面で比較する】
物に風を当てたときの風の力の大きさと物の動く様子
を比較しながら，その差異点や共通点を基に風の力の
働きについての問題を見いだす

問題：風の強さを変えると，物の動き方はどのように
　　　変わるのだろうか

予想：ゴムと同じようにあおぐ量を多くすれば車が進む距
　　　離は長くなると思う。

計画：みんなのあおぎ方が違うから，統一した風の送り方
　　　ができないよ。

実験：車に当てる風の強さを変えたときの車の進む距離の
　　　変わり方を比べる。

結果：弱い風のとき，5m進んだ……。

考察・結論：風の力の大きさを変えると物の動き方が変わ
　　　る。強い風を当てるほど，物の動き方は大きくなる。

実践①

　輪ゴムで遊び，車をつくって走らせ，輪ゴムの性質と車の動きに出合い「量的・関係的」な見方を働かせます。

　下図のようにスタート線とゴール線を設定し，ゴール線上で車が止まるように投げかけることで，ゴムの長さ，ゴールまでの距離を量として捉えるようになります。

ゴール線　　　スタート線

> ○「量的・関係的」な見方
> ・車の進む距離（長さ）と，伸ばしたゴムの長さ
> ・2つの量にはどのような関係があるかに着目する

　子どもは試行錯誤を繰り返し，ゴール線上にぴったり止まるように，ゴムの伸ばし具合を調節し始めます。

　「ゴムを短くするとゴール手前で止まってしまう，長すぎるとゴールを越えてしまう」

　「車がゴールにぴったり止まるような，きまったゴムの長さがあると思う」

　「ゴムの長さと車の進む距離は関係していると思う」

　このような話し合いを通して車の動き方やゴムの長さを量として捉え，ゴムの量と車が進む量を比べながら考えられるようにしていきます。

【考え方：問題を見いだす場面で比較する】
ゴムの元に戻ろうとする力の大きさと物の動く様子を
比較しながら，その差異点や共通点を基にゴムの力の
働きについての問題を見いだす

「ゴムは同じ，長さが違う」「伸ばし方が同じ，距離は同
じだけ進む」というように差異点と共通点を見いだしなが
ら疑問をまとめていき，クラスで共通となる問題をつくり
ます。

問題：ゴムの伸ばし方を変えると，物の動き方はどの
　　　ように変わるのだろうか

　予想は，問題を見いだす場面での発話をまとめていきま
しょう。実験はこれまでの導入の活動と同じでよいことを
伝えますが，「定量的」に調べなくてはいけないため，も
のさし等を用いてゴムの長さを決めたり，車が進んだ距離
を測ったりすることを確認します。

　実験を何回か繰り返して調べることで，より正確な結果
を比べられるよう指導しましょう。

　結果から，ゴムの伸ばし方を変えると物の動き方が変わ
る，ゴムを長く伸ばすほど物の動き方は大きくなることを
まとめます。この結論を生かしながら，輪ゴムの太さを変
えたり，輪ゴムの本数を増やしたりしたときの車の進み方
も調べてみると理解は一層深まります。

　ゴムで動く車を，風で動く車につくり直します。前時と
同様にスタート線とゴー
ル線を設定し，下敷
きやうちわを使って風
の力で車を走らせます。
ゴムで調べたときと同
様に「量的・関係的」
な視点で活動できるよ
う促していきます。

> ○「量的・関係的」な見方
> ・車の進む距離（長さ）と，うちわであおいだ回数
> ・２つの量にはどのような関係があるかに着目する

【考え方：問題を見いだす場面で比較する】
物に風を当てたときの風の力の大きさと物の動く様子
を比較しながら，その差異点や共通点を基に風の力の
働きについての問題を見いだす

> 問題：風の強さを変えると，物の動き方はどのように
> 　　　変わるのだろうか

　予想を基に，計画を立てる場面では，これまでの活動を
振り返りながら，うちわのあおぎ方が人によって違い，風
の量が異なることに気付かせます。これでは，正しい結果
が得られません。子どもは「扇風機のようなきまった風の
力を出せるもので実験をすればよい」と発想します。そこ

で教師は送風機を提示し，同じ量の風を送ることができ，正確な結果が得られることを伝えます。

　実験は風のない屋内で行うことをおすすめします。また，ゴール線で止まるような風の力の調整を行う活動ではなく，車が進んだところに印を付けるようにし，風の力と車の進む距離の関係について調べる活動にしていきます。実験は複数回行い，結果がより正確になるよう指導するとよいでしょう。また，はじめは送風機を「弱」にしたときの結果を記録し，次第に「中」「強」と強めていきます。

　考察の場面では，弱・中・強といった数字で表せない風の強さも，量の違いとして捉えられるよう支援することで，**「強い風のときの方が車の進んだ距離は長くなる」「風の強さと物の動き方には関係がある」**と，「量的・関係的」な見方に基づいた話し合いになります。

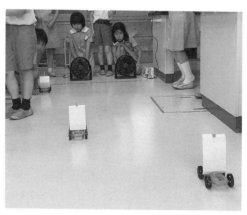

第5学年　振り子の運動

　この単元は，振り子の運動の規則性を調べる活動を通して，振り子が1往復する時間は振り子の長さによって変わることを学習します。

　ここでの見方は，振り子が1往復する時間に着目し，おもりの重さ（量）や振り子の長さ（量），振れ幅の角度（量）などの原因となる要素を見いだしながら，これらは1往復する時間（量）と関係があるのか，ないのかを推測しながら実験で確かめていきます。（「量的・関係的」な見方）

　考え方は，予想や仮説を基に，解決の方法を発想する場面に焦点を当て，変える条件と変えない条件をはっきりさせながら制御し，調べたいことを際立たせながら実験計画を組み立てていきます。例えば，振り子が1往復する時間には，おもりの重さが影響すると予想した場合，おもりの重さ以外の振れ幅の角度，振り子の長さは変えないようにしていきます。

　なお，事象と出合い，問題を見いだす時点から「量的・関係的」な見方などの“見方”が働いており，その見方が考察まで続いています。事象との出合いでどのような見方が働くのか，教師が指導前に留意しておく必要があります。

見方	量的・関係的な見方	・おもりの重さの変化と1往復する時間に関係があるのか（ないのか）をみる ・振り子の長さの変化と1往復する時間に関係があるのか（ないのか）をみる ・振れ幅の角度の変化と1往復する時間に関係があるのか（ないのか）をみる
考え方	条件を制御する	・おもりの重さだけを変え，振れ幅の角度や振り子の長さは変えないようにする ・振り子の長さだけを変え，振れ幅の角度やおもりの重さは変えないようにする ・振れ幅の角度だけを変え，振り子の長さやおもりの重さは変えないようにする

この単元の見方・考え方

―――――― 振り子の運動・学習指導計画 ――――――

振り子が１往復する時間

○糸にいろいろな種類のおもりを付けて振り子をつくる

○振り子を動かし，気づいたことを話し合う

　「私の振り子と友達の振り子の１往復する時間が違うよ」

　「よく見るとみんなの振り子が同じではないからだと思う」

○「量的・関係的」な見方

・おもりの重さ，振り子の長さ，振れ幅の角度

・それらと１往復する時間との関係

問題：振り子が１往復する時間は，何によって変わる
　　　のだろうか

予想：おもりが違うからだと思う。

　　　糸の長さが違うからだと思う。

　　　はじめにおもりを持ち上げた高さ（角度）が違うからだと思う。

計画：予想したことを基に解決の方法を考える。

【考え方：計画の場面で条件を制御する】

調べたい要因のみ変えて，他の要因を一定にするなど，変える条件と変えない条件を制御しながら実験計画を立てる

「１往復する時間はどうやって計ればよいのだろう」

「比べるときは，調べる条件を1つだけ変えて，それ以外の条件を同じにすればいいと思う」

「おもりの重さが関係しているかを調べるときは，振り子の長さと振れ幅の角度を変えないようにして……」

実験：振り子が1往復する時間について，条件を整えて，それぞれ調べる。

結果：それぞれの結果を表に記録していく。

　　　班ごとに結果をPCに入力する。

考察：班ごとの結果を集約し，話し合う。

○「量的・関係的」な見方

・おもりの重さの変化，振り子の長さの変化，振れ幅の角度の変化と1往復する時間に関係があるのか（ないのか）をみる

「予想の通り，振り子の長さが長くなると1往復する時間も長くなっている」

「予想と違っておもりの重さが変わっても，1往復する時間はほぼ同じだ」

結論：振り子が1往復する時間は，振り子の長さによって変わる。振り子の長さが長いほど，1往復する時間が長くなる。

　糸におもりを付けて，振り子をつくります。おもりは木やガラスなどいろいろな重さの物を用意し，持ち方も指定しません。振り子を動かすと，１往復する時間に違いがあることに気付きます。「私の振り子と友達の振り子の１往復する時間が違うよ」「よく見るとみんなの振り子はおもりもばらばらだし，持ち方もばらばら，同じように動かしていないからだと思う」このように１往復する時間，おもりの重さ，糸の長さに着目できるようにしていきます。

> **問題：振り子が１往復する時間は，何によって変わる**
> 　　　　**のだろうか**

　予想では，主に「おもりの重さ」「糸の長さ」「おもりを持ち上げた高さ（振れ幅）」が違うことが要因として挙がります。子どもが働かせた量的な見方から発した言葉（重さの重い／軽い，長さの長い／短い，１往復の時間が速い／遅い）を具体的に数値で考えられるようにします。

○「量的・関係的」な見方
・おもりの重さ，振り子の長さ，振れ幅の角度
・それらと１往復する時間との関係

これを解決するためにどんな実験を行うかを考えます。

【考え方：計画の場面で条件を制御する】
調べたい要因のみ変えて，他の要因を一定にするなど，変える条件と変えない条件を制御しながら実験計画を立てる

まず，「1往復する時間はどうやって計ればよいのだろう」という疑問から解決しなくてはいけません。

　第5学年の算数で学習した平均を生かしながら，10往復した時間を計り，その時間の平均を求めることで1往復の時間を知ることができることを見いだせるよう，教師は支援していきます。

　そして，これまでの植物の発芽，成長，結実で学習した条件を制御しながら観察，実験方法を組み立てたことを想起しながら，具体的な実験計画を立てていきます。

　「比べるときは，調べる条件を1つだけ変えて，それ以外の条件を同じにすればいいと思う」「おもりの重さが関係しているかを調べるときは，振り子の長さと振れ幅の角度を変えないようにして，おもりの重さだけを変えるようにしていこう」などと調べたいことを明確にしながら変えるもの，変えないものを決めていきます。

　実験では，同じ実験を複数回行い，再現性を重視します。

その際に，角度を見ながらおもりを持ち上げて放す子ども，時間を計る子どもは，同じ人が同じ位置で行うようにします。これも条件を整えて実験を行うことになります。

　本実践では，振り子の長さは班で決めました。その糸の長さから15cm短くしたもの，15cm長くしたものの3種類の

長さの違いの実験を右図の
ようにして行いました。

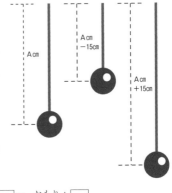

　おもりの重さは球径が同
じで重さが違う物（木，ガ
ラス，鉄）を使いました。

　結果は表に記入していく
よう実験前に下のような枠
を用意しました。

ふりこの長さ：□cm　おもり：□

ふれはば	□°			□°		
	10往復する時間	10往復する時間の平均	1往復する時間	10往復する時間	10往復する時間の平均	1往復する時間
1回目						
2回目						
3回目						
4回目						
5回目						

大日本図書　教師用指導書より改編

　班ごとに得られた結果は，PC の表計算ソフトに入力し
ます。入力すると同時にグラフ化されるよう教師があらか
じめシステムをつくっておくとよいでしょう。また，大型
ディスプレイで提示することで，他の班の情報が常時共有
できます。

　入力が終わったら，結果を基に考察します。条件を制御
しながら精緻的な実験を行うことによって，実験の結果が
詳細になります。また，それらの結果を適切に処理するこ
とで，考察できるような環境を整えます。

○「量的・関係的」な見方

・おもりの重さの変化，振り子の長さの変化，振れ幅の角度の変化と１往復する時間に関係があるのか（ないのか）をみる

振り子の長さを変えたときの１往復する時間（秒）

	A－15cm 短い	A cm	A＋15cm 長い
1班	0.98	1.18	1.44
2班	0.86	1.08	1.35
3班	0.92	1.27	1.44
4班	1.20	1.40	1.60
5班	1.05	1.31	1.54
6班	1.10	1.36	1.66
7班	0.74	1.09	1.33
8班	1.20	1.40	1.60

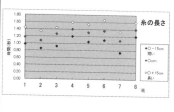

おもりの重さを変えたときの１往復する時間（秒）

	鉄 67.3g	木 4.5g	ガラス 20g
1班	4.43	4.13	4.70
2班	1.10	1.08	1.08
3班	1.21	1.27	1.17
4班	1.75	1.75	1.75
5班	1.05	1.02	1.03
6班	1.12	1.12	1.20
7班	1.14	1.09	1.16
8班	1.20	1.10	1.20

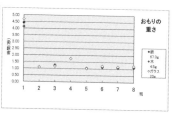

どの班も糸の長さは任意なので，同じ数値の結果にはなりませんが，どの班も15cm短いときは１往復する時間は速くなり，15cm長いときは遅くなることが見てとれます。一方，おもりの重さを変えた実験では，どの班もグラフのほぼ同じところに打点されています（振れ幅も同様）。このことから，**振り子が１往復する時間は，振り子の長さが関係している**ことを結論としてまとめることができます。

こんな「見方・考え方」もあるよ①

原因と結果

　原因と結果はこれまで説明してきた「量的・関係的」な見方，質的・実体的な見方などの原点となる見方と捉えることができます。

　理科における「原因」とは，自然の事物・現象を引き起こす元となる１つの要素のことを指します。第６学年「てこの規則性」を例にすると，「押したときの手応えが違うのは，てこの支点から作用点までの距離が関係しているのかもしれない」の，「手応えの違い」を引き起こす元となる「支点から作用点までの距離が関係しているのかもしれない」が要素となります。

　「結果」は原因の対語であり，「物事が生じた後の結末」を意味します。結果は原因に依存し，原因なしに結果が生じることはないでしょう。

　原因と結果の関係は因果関係ともいわれます。両者の結び付きは必ずしも視覚で確認できるとは限りませんが，ほとんどの場合は当の現象を解釈する思考（仕組みや成り立ちを考えたり，様子をイメージしたり）する働きによって成り立ちます。理科の授業の導入場面で，物事を見るときに，その原因と結果に焦点を当てることで，「量的・関係的」な見方や「時間的・空間的」な見方など，具体的な見方ができるようになります。

4章

粒子領域
「質的・実体的」な見方を
働かせること

「質的・実体的」な見方【粒子】

【目に見えないものをイメージするように働く
「質的・実体的」な見方】

目ではとらえられないけど
きっと食塩として中にあるはず

　食塩を容器の中に入れると，底の方に白い粉が沈みます。それをよく混ぜると，白い粉は見えなくなります。子どもたちからは「消えた」という声も上がりますが，ほとんどの子どもは目には見えなくなっただけで水の中に存在すると予想します。だから，容器の中にある無色透明な液体は水ではなく食塩水に変化したと捉えます。まさに「質的・実体的」見方で，液体の変化を捉えているのです。

【材質と体積に目を向ける「質的・実体的」な見方】

形は変わっているけど
同じねん土だから，
重さは同じになるね。

木と鉄では，体積は同じだけど
重さがぜんぜんちがうね。
ものが違うと重さが変わるんだね。

　物の重さは何によって決まるのでしょうか。子どもたちは，形を変えて重さを量り，同体積で同じ物であれば，重さは同じ。見た目に左右されないということを学びます。また，同体積でも違う物であれば重さは違うという，同質か異質かということに目を向けることを学びます。「質的・実体的」な見方を働かせることで，物にはそれぞれ違いがあることをつかんでいきます。

「質的・実体的」な見方を働かせることとは

　「質的・実体的」な見方は，粒子領域を捉える主な視点です。**物はあらゆる変化の中で形や大きさを変えるものの，その物がなくなったわけではないというように考えたり（実体的），物によって違った性質をもっていると考えたり（質的）するときに働きます。**物質の様々な変化を体積や重さ，性質などから捉えようとするこの見方を働かせることにより，粒子領域の様々な内容の知識をはじめとした，資質・能力の育成につなげていきます。

　では，子どもたちはどのような場面で，「質的・実体的」な見方を働かせるのでしょうか。

　右の図は第5学年「物の溶け方」の考察場面で子どもが描いたイメージ図です。「水の量を増やすと溶け残った食塩はどうなるのか」という問題を解決していました。

　目で捉えることができる溶け残った食塩に再度水を加えることで，食塩は水に溶けて見えなくなります。そのとき，食塩水はこれまでの食塩水よりも薄くなります。しかし，再度食塩を加えることで，また溶け残りができるということを図で表現しています。

　このように，予想や考察の場面で自然事象を目の当たりにした子どもたちが，目には見えないことを図や絵で表す

際に，「質的・実体的」な見方が働きます。

　子ども自身は，何が質的か，何が実体的かということは考えずに，目では捉えにくい事象を説明しようと，図や絵を使って，まるで目で見たかのようにして伝えます。その際，教師が予想や考察での話し合いを質的な視点で行うのか，実体的な視点で行うのかについて，ウエイトのかけ方を決めておく必要があるでしょう。

　右の写真は，食塩を容器の中に入れ水に溶かしている様子です。みるみるうちに，底の方にたまっていた食塩は減っていき，やがて見えなくなってしまいます。子どもは，はじめ食塩の白い粒が減っていくという**実体的な変化**に目を向けるでしょう。そして，白い粒がなくなった瞬間に「消えた」という声が上がります。しかし，子どもたちは食塩は消えたのではなく，「水の中にある」と予想します。

　次第に容器の中にある液体は，水から食塩水になっていったという**質的な変化**に目を向けていきます。このとき，先述したように目に見えないものを図や絵に描いて説明するような活動が有効になります。

　このように，子どもたちはそれぞれの見方を意識的に分けながら事象の変化を分析するのではなく，「実体的」な見方をしたり，「質的」な見方をしたりしながら事象を捉えようとしていきます。

　教師は，授業を構成する際に，「質的・実体的」な見方

を子どもがどのように行き来するのかを想定しておく必要があるでしょう。もちろん，これはあくまでも想定であり，その想定で子どもたちを縛ってはいけません。

　子どもたちはこの後，見えなくなった食塩が液体の中にあることを証明しようとします。その方法についても，食塩水を蒸発させて食塩を取り出すといった「実体的」な見方を働かせるような実験の計画が子どもたちから出されるかもしれません。また，この後に出てくるミョウバンやホウ酸といった物質と食塩との溶け方の違いでは，質的な見方を働かせて比較することなどが考えられます。

　発言や記述などの表現に表れる子どもたちの考えがどこに向かっているのかを，「質的・実体的」な見方から捉えることは，授業を構成する教師にとってとても重要です。なぜなら，子どもたちの表現が多岐にわたるときに，何を軸にして意見を取り上げ，話し合いをコーディネートするかが見えてくるからです。

　同じような白い粒に見えるけれど溶ける量や溶け方には違いがあるというように，ここでは見た目では簡単に判断できない違いを捉えることに学ぶおもしろさをもっていくことが大事になると思います。だからこそ，教師は「質的・実体的」な見方を働かせることを切り離して別々に扱うのではなく，軽重をつけながら両面から授業を構成していくことが大切なのです。

粒子領域における「質的・実体的」な見方が働く例

第3学年

物と重さ	同じ体積にして比べることで，重さの違いが出た場合，質的な要因に目を向ける
	体積が変わらず，見た目が変わったとき，重さはどのようになるかに目を向ける

第4学年

空気と水の性質	圧し縮めることによる体積の変化と手応えの変化と空気の様子の変化に目を向ける
	閉じ込めて圧し縮めるときの空気と水の体積や様子の変化，手応えの違いに目を向ける
金属，水，空気と温度	温度変化による体積変化に目を向ける
	温めたときの熱の伝わり方に目を向ける
	金属・水・空気の熱の伝わり方，体積変化の違いに目を向ける
	温度によって水が姿を変える際の体積や形状の変化に目を向ける

第5学年

物の溶け方	溶かした物は目に見えないが，重さによって溶かした物が存在しているかに目を向ける
	水に食塩などを溶かし続けたときの溶け方の違いや溶かす物による違いに目を向ける
	水に溶ける量の変化について食塩と他の物質との違いに目を向ける

第6学年

燃焼の仕組み	ろうそくが燃えるときに起こる空気の変化に目を向ける
水溶液の性質	見た目には見分けがつかないが，違う性質をもつ水溶液の違いに目を向ける
	塩酸の中での金属に起こる姿の変化，性質の変化に目を向ける

第4学年　空気と水の性質

　この単元で子どもたちは，注射器に閉じ込めた空気や水に力を加えるなどの活動を通して，体積の変化や圧し返す力と圧す力との関係についての問題を解決していきます。

　ここでは，主に「質的・実体的」な見方を働かせます。水や空気を注射器などに閉じ込め，ピストンを圧すなど，力を加えることで，水や空気にどのような変化が起こるのかを質的・実体的な視点から捉えていきます。見た目でも捉えられる体積変化だけでなく，同時に手応えなどの変化にも着目します。ここで「質的・実体的」な見方を子どもが働かせることでしょう。そして水と空気を比較することで，力を加えたとき空気は圧し縮めることができるのに対して，水は圧し縮めることができないという違いから水と空気の性質の違いに気付いていきます。

　ここで働かせる主な理科の考え方は「関係付け」です。空気を圧し縮めようとしたときに感じる手応えを体積と関係付けて捉えるなどの活動が考えられます。

見方	質的な見方	・空気と水とでは，容器に閉じ込めたとき，圧し縮められるかどうかに違いがあるということに気付く ・空気は圧し縮めるとき，力を加えれば加えるほど，圧し返そうとする力に変化が表れる。見た目は変わらないが，空気自体には，変化が起こっている
	実体的な見方	・空気は圧し縮めたとき体積が小さくなるのに対し，水は圧し縮めても体積に変化はない ・中にスポンジ片を入れると，空気を圧し縮めたときに小さく縮むのを捉えることができる
考え方	関係付ける	・空気を圧し縮めようとするとき，力を加えれば加えるほど，体積が小さくなること，力を加えれば加えるほど，圧し返す力が大きくなることを関係付けて考える。体積変化と圧し返す力の大きさの変化とを関係付けることが，空気の性質の理解や，根拠のある予想や仮説を発想するなどの問題解決の力につながる
	比較する	・容器等に閉じ込めた空気と水に力を加えたときの様子を比較することで，空気と水の性質の違いについて考えることができる

この単元の見方・考え方

―――――― 空気と水の性質・学習指導計画 ――――――

空気の性質

〇空気でっぽうって前玉を直接触っていないのに飛ぶね

「玉はどのようにして飛んでいるのかな」

「空気が押していると思う」

「空気が小さく縮んでいるように見えるよ」

「空気を閉じ込めれば，小さくできるはずだよ」

〇「質的・実体的」な見方

・玉が飛ぶときの空気の体積に着目し問題を見いだす

問題：空気は小さく縮めることができるか

予想：空気でっぽうは小さく縮まって見えたから。

　　　風船は圧しても形が変わるだけで縮まないから。

【考え方：予想の場面で関係付ける】

生活で経験したこと等と関係付けながら根拠のある予

想や仮説を発想する

実験：注射器などのかたい物の中に空気を閉じ込めて圧し

　　　て小さくなる（縮む）かどうか調べる。

結果：圧し縮めることはできた。

　　　手を放すと元に戻った。

結論：空気は小さく圧し縮められる。圧せば圧すほど元に

　　　戻ろうとする力は大きくなる。

「だから空気でっぽうは前玉が飛ぶんだね」

水の性質

○空気で空気でっぽうを飛ばせるなら水でも飛ばせる

　「水でも飛ぶのかな，水も圧して小さくなるなら」

　○「質的・実体的」な見方

　・空気と水を比べながら問題を見いだす

　問題：閉じ込めた水を圧し縮めることができるか

予想：できる。水も空気も形を自由に変えられるから。

　　　　できないと思う。空気と比べて水は重いから。

【考え方：予想の場面で関係付ける】
生活で経験したことや空気の学習等と関係付けながら
根拠のある予想や仮説を発想する

実験：注射器などのかたい物に水を閉じ込めて圧し縮める

　　　ことができるかを調べる。

結果：水は圧し縮めることができない。

考察：空気は圧し縮めることができたが，水は圧し縮める

　　　ことができない。手応えも変化しない。

　○「質的・実体的」な見方

　・空気と水とを比較し，圧し縮めることができるかど

　　うかで，性質に違いがあることに気付く

　「空気でっぽうはできるけど，圧し縮めたり，元に戻ろ
うとしたりしない水では玉は飛ばないのがわかるね」

「空気でっぽうってよく飛ぶし音もおもしろいよね」

「遠くに飛ばすには，勢いよく押せばいいのかな」

「押し棒が直接，前玉にあたるわけじゃないからね」

「じゃあ，空気でっぽうってどうやって玉を飛ばしているのかな」

この言葉から，空気でっぽうを横から見る子どもたち。しばらくすると，押し棒と前玉にはすき間があること，そのすき間が狭くなってから飛んでいることなどを発見しました。教師は，相槌を打ったり，本当に？と反応したりしながら，子どもたちの声を板書していきました。

「すき間にあるのは空気だから，空気は小さく縮んでから，玉を飛ばしているんだよ」

このような言葉が出てきたら，それを契機に問題を板書。これが子どもの声から導き出された問題となりました。

○「質的・実体的」な見方
・前玉が飛ぶときのすき間に着目して問題を見いだす

問題：空気は小さく縮めることができるか

【考え方：予想の場面で関係付ける】
生活で経験したこと等と関係付けながら根拠のある予想や仮説を発想する

ここでは，子どもたちが自由に発想できるような雰囲気で予想を出し合うようにしました。予想自体は，縮めることができるか，できないかですから立場を決めることはで

きます。しかしそこで重要になるのは，その根拠です。自分たちの生活経験などから予想した理由を伝えることができたら称賛したいものです。予想自体には間違いはありません。結果が出た際に，予想と結果が一致しなかったということはあると思いますが，そこだけを考えて予想することのないよう，子どもたちに伝えました。大切なのは，予想を立てた根拠を明らかにすることです。

　だからこそ「その予想，おかしいよ！」といった子どもたちからの声はなるべく出さないようにしました。予想を理由も含めて，ある程度子どもたちが表現できたら，そこから予想について話し合うようなやりとりを行うように促していってもよいでしょう。

　実験は，子どもの予想を基に行います。ここでは，圧し縮められたかどうかも重要ですが，圧し縮めれば圧し縮めるほど，手応えが大きくなること，手を放すと元に戻ろうとすることにも気付くように，実験は何度も繰り返し行います。「ねえ！　なんか手応えが変わっていく」といった声を聞き逃さず，見た目は変わらないのに空気が小さく縮むと手応えが大きくなり，元に戻ると手応えは小さくなるということに気付くように声かけをしました。

【考え方：結論の場面で関係付ける】
空気でっぽうで体験したことと，実験から導き出された結論を関係付ける

　「このバネみたいに元に戻ろうとする力を使って，空気でっぽうは玉を飛ばしているんだね」

「空気でっぽうに水を入れたらどうなるかな」そこから，水についての追究がスタート。「水でっぽうがあるくらいだから，飛ぶんじゃないかな」「水も空気と同じように，圧したら小さく縮むなら飛ぶと思う」

○「質的・実体的」な見方
・空気と水の見た目などを比べながら問題を見いだす

問題：閉じ込めた水を圧し縮めることができるか

「水も空気みたいに，どんな容器にも入れることができるから，圧し縮めることができると思う」この発言は，空気と水を比較しながら，生活経験と関係付け，根拠を明確にした予想であったので，称賛しながら紹介しました。

【考え方：予想の場面で関係付ける】
生活で経験したことや空気の学習等と関係付けながら
根拠のある予想や仮説を発想する

空気のときの予想と違うのは，空気で学習したことを予想の根拠に加えることができることです。空気を水にすること以外は全て同じ実験であるため，子どもが予想する際に，空気と比較することは容易になります。

子どもたちが日頃生活の中で水をどのように捉えているのかが，予想の根拠に大きく影響していると感じました。

実験を行うと，驚きの声があちこちから聞こえてきました。「かたい！」「圧せない」「小さくならないよ」「バネみたいにならない」子どもたちの表現は，どれも水のことを

伝えているのですが，ほとんどの子どもは「空気は〇〇だったのに」という言葉が付いていると感じました。中にはしっかり「空気は圧したらピストンが下がっていったのに，水は最初からかたくてびくともしなかった」と，比較しながら結果を伝えている子どももいました。

○「質的・実体的」な見方
・空気と水とを比較し，圧し縮めることができるかどうかで，性質に違いがあることに気付く

　水と空気は，容器に閉じ込めて圧し縮めようとすると，まったく違う様子になるというように，性質が異なることを伝えることで，「質的・実体的」な見方，特に「質的」な見方で対象に目を向けるという経験になるでしょう。これから学習が進んでいく際に，見た目だけでは判断できないことに出合うことがあります。そんなときに「質的・実体的」な見方が重要になります。

　この後，注射器に水と空気を半分ずつ入れて圧し縮めるときにどのようになるかを確かめました。そのとき，水面が上下に動くかどうかに着目することで空気と水の比較をしっかりと行うことができます。さらに，プッシュ式の液体せっけん，空気を圧縮して水を飛ばす水でっぽうなどが，空気と水の両方の性質を利用していることに気付くようにする活動も考えられます。

第6学年　燃焼の仕組み

　この単元は，集気びんなどに閉じ込めた空気中でろうそく等を燃やすことで，空気中の酸素が使われ，二酸化炭素ができることを学習します。

　ここでの理科の見方は，ろうそくの燃焼により，集気びんの中の空気がどのように変化したのかを子どもたちが追究していく際に働きます。ろうそくの火が消えてしまった集気びんの中に，火のついたろうそくを何度入れても消えてしまうという事象を目の当たりにしたとき，空気が質的に変化したことに気付きます。

　理科の考え方については，ろうそくが燃えた後の空気の変化を，石灰水が白くにごることや気体検知管の数値で捉えた場合，石灰水と気体検知管の結果の両方を加味しながら考察していく際に働きます。このとき，子どもは，石灰水の結果から何がいえて，何がいえないのか……気体検知管の結果ではどうかといった，結果の整理，考察を行いながら，より妥当な考えをつくりだそうとするでしょう。

見方	質的な見方	・燃焼前の空気と燃焼後の空気は，見た目には わからないが，違う性質になっている ・空気の中には，窒素，酸素，二酸化炭素など が入っておりそれぞれ性質が異なる ・ろうそく燃焼前後の集気びんの中の空気の変 質は，気体検知管や石灰水の変化でわかる
	実体的な見方	・上下にすき間のある集気びんでは，ろうそく が燃焼する際に空気の流れができるが，それ を線香の煙で捉えることができる ・ろうそくが燃焼した後の集気びん内の空気は なくなったわけではない。そのことは水の中 でびんの蓋を開けて出てくる泡でわかる
考え方	多面的に考える	・導入の場面などで，燃焼により集気びんの中 に起こったことについて，空気が減少した， 空気が変化したなど，様々な予想を取り上げ ながら問題解決を行っていく ・燃焼による空気の変質を調べるため，石灰水， 気体検知管を使って実験をし，その2つの結 果をあわせて結論を導き出そうとする ・上下にすき間をあけた集気びんで，ろうそく が燃焼するとき，空気が熱によりどのように 動いているのかを，空気の質的な変化もあわ せて考察する

この単元の見方・考え方

―――――― 燃焼の仕組み・学習指導計画 ――――――

第1次　ろうそくが消えたのは？

○集気びんの中でろうそくを燃やし蓋を閉め火を消す

○「質的・実体的」な見方

・炎の有無から集気びん内の空気などに目を向ける

問題：ろうそくの火はどのようにして消えたのか？

「空気がなくなったと思う。使ったからなくなった」

「煙が関係しているのだろうか？」

「空気が変わってしまったのだと思う」

【考え方：予想の場面で多面的に考える】
集気びん内で何が起こったのか，それぞれの考えを基に空気の有無や変質，煙の存在などの予想を整理する

実験：水中で集気びんを開け空気の有無を確かめる。
　　　蓋を閉め火が消えるときの煙の様子を見る。

結果：空気は入っていた。煙は火が消えて出てきた。

考察：空気はなくなっていないし，煙のせいではないということは，空気が変化したのかもしれない。

○「質的・実体的」な見方

・空気の有無ではなく，空気の性質が変わってしまったのだろうかという考察をする際に働く

「燃焼の前後で空気が変わったのだろうか」

「空気の成分を調べよう」

実験：空気の中に入っている気体に火を入れる。

（酸素：はげしく燃える，二酸化炭素：消える）

> **問題：燃焼後の空気はどのように変化するのか？**

予想：二酸化炭素が，増えると思う。

　　　それなら，石灰水で調べられる。

実験：石灰水で二酸化炭素の増減を確かめる。

結果・考察：白濁したから二酸化炭素が増えた。

　　　酸素がどうなったのかは，わからない。

　　　気体検知管ならわかると思う。

【考え方：実験の場面で多面的に考える】
石灰水で何がわかるのか，気体検知管を使うと，どこまでわかるのかについて話し合う

結論：ろうそくの燃焼により，二酸化炭素ができたといえ
　　　そうだ。

第2次　ろうそくが燃え続けるには？

> **問題：集気びんの中でろうそくが燃え続けるには，ど
> うしたらよいか**

結論：すき間をあけると，火は，燃え続ける。

○「質的・実体的」な見方
・火で空気は質的に変化しているが，線香の煙を見る
　と空気の通り道により入れかわっているのがわかる

　蓋を閉じた集気びんの
中でろうそくを燃やすと,
次第に火は小さくなり,
やがて消えます。火が消
えるとスーッと白い煙が
上がります。

　子どもたちからは, 次のような問題が出てきます。

○「質的・実体的」な見方
・炎の有無から集気びん内の空気などに目を向ける

問題：ろうそくの火はどのようにして消えたのか？

「空気が減ってなくなったのではないだろうか」
「空気がだんだんと燃えるものから燃えないものに変わ
ったのかな」
「煙が出ていたから煙が火を消したのかもしれない」
「空気に流れができたから, 風で消えてしまったのかも」
　子どもが予想する内容は, どれも頭ごなしに否定できる
ものではありません。空気の減少や変質, 煙の存在, 空気
の流れ（風）, 予想にはその子なりの根拠があります。

【考え方：予想の場面で多面的に考える】
集気びん内で何が起こったのか, それぞれの考えを基
に空気の有無や変質, 煙の存在などの予想を整理する

　それぞれの予想をどのように検証したらよいでしょうか。
そのことを考えるためにも, まずは, じっくりともう一度,

集気びんに蓋をして火が消えていく様子を観察することになりました。この"もう一度"がとても重要になります。自分の考えた予想だけでなく、様々な予想を頭に置いてろうそくの火を観察すると、最初に観察したときよりも、より多面的に対象と向き合うことができるからです。

　観察することで、「煙は、火が消えた後に出てくるので、火が消える原因ではなさそうだ」という考えや、「集気びんの蓋を少し開けても火が消えたから、空気が減ったりなくなったりしてはいない」という考えが出てきました。

　2回目であることもありますが、複数の予想を基にした観察によって、子どもたちは「多面的に考える」という理科の考え方を働かせたということもできます。

　このようにして、「空気が変わった（変化した）」という予想が自ずと有力になってくるのです。

○「質的・実体的」な見方
・空気の有無ではなく、空気の性質が変わってしまったのだろうかといった考察をする際に働く

　炎の動きや煙の存在という目に見えるものから、空気という目では捉えにくいものの質的な変化に、子どもたちの目が向いていきます。ここで、空気にはどんな気体が入っているのか資料を参考にすることになります。

空気が変化して，火が消えたのだとすれば，空気につい
てくわしく知る必要があります。そこで初めて，空気の組
成の表やグラフが登場することになります。教科書に掲載
されているものは，子どもたちが「質的・実体的」な見方
を働かせようとしたときに，着目させるべきでしょう。

着目した酸素，二酸化炭素を集気びんの中に入れてろう
そくの火を入れるとどのようになるのかを観察することで，
それぞれの気体と燃焼との関係がわかってきます。

ここでも，同じように見える気体が，ろうそくの炎をは
げしく燃やしたり，消したりするという違いを見ることで，
「質的・実体的」な見方が働きます。

問題：ろうそくが燃えることで空気はどのように変化
　　　したのだろうか？

○「質的・実体的」な見方
・集気びんの中の空気やろうそくが，燃えることによ
　って変化した。酸素や二酸化炭素に変化が表れてい
　るのだろうといった考え方が出される

予想にイメージ図を用いると，
「燃えることができる空気が，
燃えない空気に変化しました。
きっと酸素が減って二酸化炭素
が増えたのだと思う」といった
予想が絵や図で描かれます。

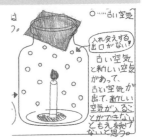

120

ここで，すぐに気体検知管を使用せず，石灰水を使います。二酸化炭素に反応する石灰水を使うことで，空気の変化を捉えることができることを，子どもたちと共有します。

　燃焼後に集気びんに注いでいた石灰水が白くにごることで，空気の変質は捉えました。これで，イメージ図に描いた予想を確かめたことになるでしょうか。

【考え方：実験の場面で多面的に考える】
石灰水で何がわかるのか，気体検知管を使うと，どこまでわかるのかについて話し合う

　考察を行いながら，ここでは次の実験を計画することになります。石灰水で確かめられたことは何か，同じような実験にはなるけれど，ここで気体検知管を使うことで何が明らかになるのか，それを考える際に多面的に考えるという理科の考え方が働きます。

【ノート記述より】
石灰水では二酸化炭素が何％かというのはわからなかったが，白くにごったので増えたということがわかった。だから，次はどのくらい増えたのかを調べたい。

　石灰水で明らかになること，気体検知管で明らかになること，両面から考えることで，実験の目的が明確になり，考察時に，より妥当な考えをつくりだすことにもつながります。

こんな「見方・考え方」もあるよ②

部分と全体

　「部分と全体」も理科の様々な単元で子どもたちが働かせる見方です。例えば，第5学年「流れる水の働きと土地の変化」で川の中流域での流れの様子や石の大きさや形状について観察しながら，観察した場所が，この川の流域全体では，どの部分にあたるのかについて視点を変えながら捉えようとすることがあります。

　また，第6学年「土地のつくりと変化」では，地層の観察において，ある層を構成する砂の一粒に目を向けることもあれば，その一粒が崖全体ではどこにあたるのかといった視点で構成物と地層との関係を捉えることもあります。

　他にも，第5学年「天気の変化」で，上空にある雲と気象衛星から見た雲画像を見ながら天気を予想する際に働かせることが考えられます。

　地球領域だけでなく，生命領域においても，この見方が働くことがあります。第6学年「人の体のつくりと働き」で，米粒のでんぷんが唾液によって分解され，ヨウ素液では反応しなくなる実験をした後，唾液が人の消化管全体ではどのような役割を果たしているかを考えるようなときに，「部分と全体」の見方が働くのです。

　視野を広げたり狭めたりしながら，その自然事象を捉えていこうとする際に働かせる見方です。

5章

生命領域
「共通性・多様性」の見方を
働かせること

「共通性・多様性」の見方【生命】
【単元の中で働く「共通性・多様性」の見方】

花にとまったモンシロチョウ，
からだははねに
かくれているけど，
ほかの昆虫みたいにむねから
あしやはねが出ているのかな？

　アリやトンボなどは，姿や形はそれぞれ違っていますが，体のつくりやあしの付き方で見ると共通点が見えてきます。その共通点を当てはめて見てみると，モンシロチョウの体についても，あしの付き方，体の分かれ方などについて同じ部分を見つけることができます。子どもが「共通性・多様性」の見方を働かせることで，昆虫の体の特徴について理解することができます。大切なことは子どもがそのような見方を働かせる機会をつくることでしょう。

【単元を超えて働く「共通性・多様性」の見方】

生まれたばかりのメダカは
おなかの養分で育つなんて，
インゲンマメの発芽と
同じだなあ…

　インゲンマメの発芽や成長について学んだとき，インゲンマメが成長するにつれて，子葉が少しずつしぼむことがわかりました。子葉の養分が使われて成長するということを学んだことで，それを目の前の子メダカの腹のふくらみと関係付け，「共通性・多様性」の見方を働かせました。生物が発芽や誕生してしばらくは，もっている養分で成長するという生命の巧みさに子どもは目を向けることができました。

「共通性・多様性」の見方を
働かせることとは

　「共通性・多様性」の見方は，生命領域を捉える主な視点です。生物及び生物の体は，それぞれの特徴があります。昆虫1つとっても，形態，生活場所，食べ物など様々です。1つとして同じものはないでしょう。それらの特徴を捉えようとするとき，はじめは違いに目が向きます。「あの昆虫は羽の色が他のものより派手だな」「体が木の枝のように細長いな」などがそうです。これは差異点といいます。平たくいうと「違い」です。しかし，しばらく見ていくうちに，次は同じところが見えてきます。「触角が付いている」「あしはやっぱり6本だ」などがそうです。これは共通点となります。子どもに限ったことではないと思いますが，最初は差異点に目が向くことが多いです。差異点を捉えた後に，共通点が見えてきます。

　差異点や共通点を基に比較を行うと，ある共通のきまりを軸に仲間分けができるようになります。

　「共通性・多様性」の見方のうちの「共通性」の見方に重点を置いて生物と向き合うと，あしの数や体の分かれ方という共通のきまりが見えてきます。そして，子どもたちは昆虫とそれ以外の生物とを仲間分けすることができるようになるのです。しかし，共通性で仲間分けされた昆虫もさらにくわしく見ていくと6本のあしの使い方は様々です。

前の2本を折りたたんで飛ぶトンボの仲間や，カマのような形になっているカマキリの仲間，仲間との交信などに使うアメンボの仲間がいます。このようにしてみると，6本あしのうちの前の2本の使い方は，それぞれの昆虫によって実に多様であることがわかります。このとき子どもは，「多様性」の見方に重点を置いて働かせています。

　このように，それぞれの昆虫を比較したり，エサや生息する場所と関係付けたりする際に，共通性・多様性のうち，どちらかの見方に重点を置くことはありますが，共通性と多様性の両方の見方をうまく働かせることで，その昆虫の生態に迫ることができます。

　昆虫等の動物だけではありません。植物でも同じようなことがいえます。第3学年では「植物の成長と体のつくり」を学びます。「共通性」の見方に重点を置きながら，植物の体は，根，茎，葉に分かれることを学びます。そのとき，これまでに生活科等でジャガイモを収穫した経験があれば，ジャガイモは土の下にあったけれど，ジャガイモにつながっている部分を見ると茎のようになっていることに気付くことがあります。調べると，土の中にあるけれど，それが茎だということがわかります。その事実から「やはり，形状に着目しないといけない」と感じることもあれば「土の中にあるからといって根とは限らない」と感じることもあるでしょう。いずれにしても先述したように，「共通性・多様性」の見方を両方働かせることで，生命の領域を深く学ぶことができるのです。共通性，共通性の中にあ

る多様性を見いだしながら，楽しんで生物と向き合うこと
が大切になります。

　第6学年「人の体のつくりと働き」では，体にある内臓
について学びます。人体には様々な臓器があり，その中で
も消化管といわれる臓器は，それぞれの働きは違っていま
すが，食べ物を小さくしたり，形を変えたり，そしてそれ
を体内に吸収したりということについては一連の役割があ
ります。このように，消化の役目を果たす臓器について学
習する際にも，「共通性・多様性」の見方を働かせ，それ
ぞれの見方を行き来しながら，深い学びを行っていくので
す。生命領域では，「共通性・多様性」の見方の他にも
「部分と全体」という見方を働かせるようなこともありま
す。

「部分と全体」の見方

　小腸の役割を学ぶとき，小腸で栄養を吸収する柔毛のこ
とを学びます。柔毛は小腸全体でたくさんの栄養を吸収し，
小腸は消化管全体の中で主に栄養を吸収します。このよう
に，全体の中の部分として捉えたり，部分から全体を捉え
たりするという見方が生命領域の学習を深めます。

生命領域における「共通性・多様性」の見方が働く例

第3学年

身の回りの生物	昆虫の様々な姿や成長による変化に目を向け，成長における一定の順序や体のつくりに目を向ける 植物の様々な姿や成長による変化に目を向け，成長における一定の順序や体のつくりに目を向ける

第4学年

人の体のつくりと運動	人の体にある骨と筋肉のつくりと働きに着目して捉える
季節と生物	身近な動物や植物を探したり，育てたりする中で季節による動物や植物の活動や成長の変化に着目する

第5学年

植物の発芽，成長，結実	それぞれの種類によって違いはあるものの，条件を制御することで発芽や成長に必要なものに着目する
動物の誕生	魚，人の誕生について，時間の経過による卵の中や胎内での様子の変化に着目する

第6学年

人の体のつくりと働き	人や他の動物について，体のつくりと呼吸，消化と排出，循環に着目し，生命を維持する働きについて追究する
植物の養分と水の通り道	植物について，その体のつくり，体内の水などの行方及び葉で養分をつくる働きに着目して，生命を維持する働きについて追究する

第3学年　身の回りの生物

　この単元は，身の回りの生物の飼育や栽培，及び観察を通して，体のつくりや成長の順序についてのきまりを見いだしていきます。

　ここでの理科の見方は，「共通性・多様性」。ヒマワリとホウセンカを栽培していく中で，種から根が出て，土から芽を出し，子葉が広がるなど，種の形や大きさは違っていても，成長には一定の順序があることを見つけます。「これからもヒマワリとホウセンカは同じ順序で育つのだろうか？」という問題を見いだし，継続して栽培を行うなどの活動ができます。

　理科の考え方については，違う種類の植物を「比較」し，差異点や共通点から問題を見いだすなどの活動が考えられます。昆虫などを飼育し，成長の順序を「比較」し，幼虫から成虫，そして産卵など，一定の順序があることを見つけたり，体のつくりは，頭，胸，腹に分かれているという「きまり」を見つけたりします。

見方	共通性の見方	・昆虫はどれも，体は頭，胸，腹に分かれており，6本のあしは全て胸にある ・昆虫はどれも，卵から生まれ，幼虫から成虫まで成長には一定の順序がある ・植物の体は，根，茎，葉に分かれている ・植物はつぼみができた後，花を咲かせ，実ができた後，種をつくる
	多様性の見方	・昆虫は，卵から成虫まで，一定の順序で成長するが，蛹の時期がない昆虫がいたり，カマキリのように生まれたときから姿が成虫にそっくりの昆虫もいたりする ・植物の体は根，茎，葉に分かれているが，葉や根の形はそれぞれ違っている
考え方	比較する	・身の回りの植物や昆虫などの動物を比較することで，体のつくりの差異点や共通点を見つけ出すことができる。そこから問題を見いだしたり，きまりを見いだしたりする ・飼育している昆虫を比較したり，栽培している植物を比較したりすることを通して，植物や昆虫などの動物の成長の順序についての差異点や共通点をから問題を見いだしたり，きまりを見つけたりする

この単元の見方・考え方

━━━━━ 身の回りの生物・学習指導計画 ━━━━━

昆虫の飼育〈導入場面〉

○育てているキャベツにモンシロチョウが卵を産んだ

○卵をとって，モンシロチョウを育ててみよう

「ぼくのは黄色なのに，白い人もいる」

「比べてみると，卵の色が違っている」

「大きさや形，模様は同じなのに，色だけが違う」

○「共通性・多様性」の見方
・卵同士を比べて，形や大きさ，模様は共通であるが，たくさんの種類の色がある

【考え方：問題を見いだす場面で比較する】
モンシロチョウの卵を比較することで，差異点や共通点を基にして考える（問題を見いだす）

問題：卵の色の違いは何によるものだろうか

予想：産み付ける場所によって違うのでは。

　　　オスやメスのようにもともと違っている。

　　　色が時間によって変わるのでは。

観察：卵を決めて，色が変わるのかどうか観察する。

結果：卵の色は，白からだんだん黄色に変わる。

考察：黄色やオレンジに変わると幼虫が生まれる。

　　　変化していた色は，卵の中の幼虫の色だった。

植物の栽培〈単元の導入〉

○ホウセンカ，ヒマワリ，オクラの種を観察する

○それぞれの種の形や色，大きさの違いに気付く

【考え方：問題を見いだす場面で比較する】
いくつかの種類の種を比較することを通して，気付いた差異点から，発芽についての問題を見いだす

問題：種の形も大きさも，植え方も違うけれど，同じような芽を出すのかな？

予想：形が違うから芽の出方も違うと思う。

　　　大きさも植え方も違うから芽も違う。

　　　同じ種という名前だから同じかな。

観察：種をそれぞれカップに植えて，発芽の様子を観察する。

結果：発芽する時期は違った。

　　　種から根が出て，芽が出るという順序は同じだった。

考察：これまで生活科で育ててきた，アサガオやエダマメとも似ている。他の植物も同じような芽の出方をするのか調べてみたい。

○「共通性・多様性」の見方

・複数の発芽の様子を比較することを通して，成長の順序についての共通性からきまりを見つけようとし，他の植物にそのきまりを当てはめてみようとする

　学校の畑で，モンシロチョウがキャベツに卵を産んでいるのを見つけました。この報告から，みんなで卵を観察するために，畑に向かいました。

　子どもたちの話の通り，キャベツからたくさんの卵が見つかりました。子どもたちが卵を１つずつ持ち帰ろうとしたところ，あることに気が付きました。一つひとつの卵の色が違っているのです。白っぽい卵もあれば，オレンジに近いような黄色の卵も見つかりました。理科室で，虫眼鏡を使ってじっくりと比べることにしました。

○「共通性・多様性」の見方
　・卵同士を比べて，形や大きさ，模様は共通であるが，たくさんの種類の色がある

【考え方：問題を見いだす場面で比較する】
モンシロチョウの卵を比較することで，差異点や共通点を基にして考える（問題を見いだす）

　卵の色を比べることを通して見つかった差異点や共通点から，子どもたちは問題を見いだし，共有しました。

問題：卵の色の違いは何によるものだろうか

「産み付ける場所によって色を変えていると思う。葉の裏なら濃い」

「時間が経つと変わると思う。最初は色が薄くてだんだん濃くなる」

「ぼくらもみんな顔が違うみたいに，もともとの色が違っている」

「産んだチョウが色が濃いなら，卵の色も濃くなる」

　子どもたちが，この予想を確かめるために使った方法は毎日観察することです。卵の色について，生まれてくる幼虫の色もあわせて記録することにしました。

観察：毎日，手に入れた卵の変化と，その日の色についても記録し，黒板で表にした。

考察：卵の色は，だんだんと変化していった。だんだんと色が濃くなり，オレンジ色に近くなったときに卵から幼虫が生まれる。中から出てきた幼虫を見ると，卵の色と同じだった。幼虫が出た後の卵が透明だったことを考えると，記録していた色は，幼虫の色だったことがわかった。子どもたちは，このような結論に至った。

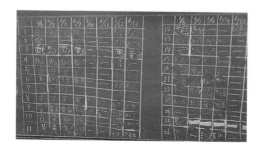

　３年生になった子どもたちに，ホウセンカ，ヒマワリ，オクラなど，複数の種類の種を配布しました。しっかりと種を観察すると，その違い（差異点）に目が向きます。教科書等の資料を基に，それぞれの種は，植える深さ，土のかけ方などにも違いがあることに気が付きました。

　すると，ある子どもが「種の形も大きさも，植え方も違うけれど，同じような芽を出すのかな」とつぶやきました。

【考え方：問題を見いだす場面で比較する】
いくつかの種類の種を比較することを通して，気付いた差異点から，発芽についての問題を見いだす

　まさに，比較という考え方を通して，問題が見いだされた瞬間です。しかし，これは一人の子どもがつぶやいた言葉でしかありません。そこで，教師は，その子が比較をしていたこと，そして差異点に目を向けた後，種という共通点について考え，問題を見いだしたことを，このプロセスをたどりながら称賛するようにしました。

　自分たちで見いだした問題に取り組む子どもたちの姿は主体的な学びそのもの。やっと芽を出したオクラを見て，

「先生！　やっぱりオクラも，種から根が出て，次に芽を出すことがわかったよ」というような言葉も出てきました。このようなとき，私たち教師

は，「よくわかったね！　すごいね！」ではなく，「しっかり比べているんだね」というように，比較を働かせていたことを自覚できるようにしたいものです。

　では，どうすればよいのでしょうか。そこに必要なのは問い返しです。「どうして，それがわかったの？」この言葉により，気付いた子どもは，自分の思考の過程をたどって説明を始めます。「だって，記録を見ると，ヒマワリのときも，ホウセンカのときも根が出たことが書いてあるから」

　そこで教師は，「よく比べているからわかったんだね」という言葉かけを行うべきでしょう。

【考え方：観察の場面で比較する】
ヒマワリ，ホウセンカなど複数の発芽の記録と比較して，オクラの発芽の様子を観察する

○「共通性・多様性」の見方
・複数の発芽の様子を比較することを通して，成長の順序についての共通性からきまりを見つけようとし，他の植物にそのきまりを当てはめてみようとする

　このようにして，常に複数の植物と比較しながら，成長の順序や体のつくりについての問題を見いだしたり，きまりを見つけたりしていくという授業を続けることが，見方・考え方を働かせて資質・能力を育成することにつながるのだと考えます。

第6学年　植物の養分と水の通り道

　この単元で子どもたちは，ジャガイモやホウセンカなどの植物を用いた実験や観察を行います。そして，植物の体のつくりや水の通り道，葉で養分をつくる働きなどについてのより妥当な考えをつくり表現します。

　ここでの理科の見方は，「共通性・多様性」。ジャガイモの葉を使って確かめた，葉で養分をつくる仕組みは，ジャガイモの他の葉はもちろんのこと，他の植物の葉にもあるのではないかと考える際などに働きます。葉の色や大きさを変えながら実験を行い，日光と葉の色や大きさが養分とどのような関係なのかを考えるような活動が考えられます。

　理科の考え方については，根から葉に向かう水の通り道や葉に日光が当たるとでんぷんができることと，5年生で学習した発芽と成長の条件とを照らし合わせるなど，多面的に考えることで，植物の体のつくりやその働きについて，妥当な考えをつくりだすことにつなげます。

見方	共通性の見方	・ジャガイモの葉は，大小や形には関係なく，日光が当たると，でんぷんなどの養分をつくることができる ・どの植物も枝と葉を覆ったビニル袋に水がたまり，葉のない枝を覆ったビニル袋に水がたまらないことから，葉から蒸散しているということができる
	多様性の見方	・針葉樹や色の違う葉でも，葉から蒸散しているのだろうかという疑問をもつ ・葉の色の違いによって，できる養分の量にも違いがあるのだろうかなどの疑問をもつ
考え方	多面的に考える	・実験を計画する際に，様々な場合に分けて考える必要がある。夕方に，葉を摘み取りでんぷんがあることを確かめたい場合 ①はじめからずっとそこにあったという考えもあるだろう →そうでないことを確かめるため，朝，葉にでんぷんがないことを確かめる ②日光ではなく，時間などのように，自然に蓄えられるという考えもあるだろう →そうでないことを確かめるために，日光に当てないという比較を行う必要がある 多面的に考えることによって，様々な考えを念頭に置いた実験計画ができる

この単元の見方・考え方

—— 植物の養分と水の通り道・学習指導計画 ——

でんぷんのでき方

○調べてみたら，子イモにはでんぷんが含まれていた

○子イモのでんぷんはどこからきたのか調べよう

　「根から養分がきているのかな。それとも種イモ？」

　「根にも，種イモにもでんぷんは含まれていない」

　「葉を調べてみたら，でんぷんが見つかった」

【考え方：予想の場面で多面的に考える】

だんだんと大きくなる子イモのでんぷんは，どこから
きたのかについて，様々な可能性を考える

問題：でんぷんは葉でつくられているのだろうか

予想：葉の中に，ためているだけでは？

　　　日光が当たってできるのでは？　だって，５年生の
　　　ときの成長の条件に日光があったから。

計画：日光が当たっているときの葉にでんぷんがあるかを
　　　確かめよう。

　　　ためている場合はどうするの？　つくられているの
　　　かわからない。

　　　朝，でんぷんの量を確かめて，それと比べると，つ
　　　くられたのかどうかがわかる。

実験結果：朝，なかったでんぷんが，日光が当たると葉の
　　　中にできていた。

結論：でんぷんは葉でつくられていた。

水の通り道

○しおれているホウセンカが水やりによって復活した

○水はどのように取り込まれたのか疑問をもつ

○「共通性・多様性」の見方

・これまでに栽培してきた植物と比べながら，水がどのように植物に取り込まれるのかを考える

問題：植物は，水をどのように体の中に取り入れているのだろうか

観察：染色液を使い，水の通り道を調べる。

結果：根から，茎，葉，植物全体にいきわたる。

考察：植物全体に水が運ばれたことはわかる。では，その後，水はどうなるのだろうか。

問題：植物全体に運ばれた水は，その後どうなるか

【考え方：予想の場面で多面的に考える】
水が成長に使われたり，でんぷんをつくるもとになったり，蒸発したりなど，予想時に様々な可能性を考える

予想：成長に使われる，養分になる，外に出る，など。

観察：葉に袋をかけて，袋の中の様子の変化を調べる。

結果：袋に水がたまった。

「先生，もう子イモができているよ」

5年生の年度末に植えた種イモから芽を出し，大きく成長したジャガイモ。畑を見に行った子どもたちが，土の表面に顔を出している小さなジャガイモを見て驚いていました。その1つを取り出し，理科室でヨウ素液をつけると，ヨウ素液は青紫色に変化しました。

「もう，でんぷんがつくられている」「でも，どこから？」

【考え方：予想の場面で多面的に考える】
だんだんと大きくなる子イモのでんぷんは，どこからきたのかについて，様々な可能性を考える

子どもたちが一番に考えたのは，土の養分が根から取り込まれ，でんぷんとなり，種イモから子イモに移動したというものです。そして，様々な予想を基に，種イモ，根，茎，葉にでんぷんがあるのかを確かめました。

すると，ヨウ素液がはっきりと青紫色に変化したのは，葉だけでした。種イモや根にでんぷんがなかったことに子どもたちは驚いていました。

「葉ということは，そこでつくられているのかな？」

「それとも貯蔵庫みたいにためるだけ？」

問題：でんぷんは葉でつくられているのだろうか

　この問題に取り組むことになりましたが，貯蔵されているのか，つくられているのかについて，どのように調べるのかが次の話題となりました。

　貯蔵を使いきることがあれば，調べられると考え，いろいろな時間に葉の中にあるでんぷんを調べてみることになりました。朝，昼，夕方と時間をあけてでんぷんの量を調べてみると，なんと，朝にはあまりでんぷんがなく，昼や夕方に多いことがわかりました。

　ということは，昼にでんぷんをつくって，夜，葉からなくなるということになります。

　「昼につくるということは，日光が関係しているかもしれない。太陽光発電みたいに，エネルギーをつくっているかも」という声が上がりました。

　条件制御をして，葉に日光が当たらないようにしたものと，日光を1日中当てたものとで比べることになりました。

　子どもたちは実験を計画し，日光をさえぎるためのアルミホイルを付ける時間，はがす時間について話し合い，実験を行いました。実験の結果から，アルミホイルをはがして日光を当てた葉は，ヨウ素液をかけた部分が青紫色に変化して，でんぷんがつくられていることがわかりました。

　しかし，このままでは終わりません。葉にできたでんぷんは，どのようにして子イモに移動するのかという疑問はまだ残されたままです。追究はさらに続きます。

　しおれていた植物は，水やりによって元に戻ります。水は植物にどのように取り込まれたのでしょうか。

　「アサガオを育てたとき，水やりをやった」「３年生で育てたヒマワリやホウセンカも，雨が降らないときに，しおれていることがあったよ」「そのときも水やりをすると，また葉がピンと伸びて元通りになった」「植木鉢の土の部分にかけていたので，根から吸い取っているとは思うけど」といった考えが出されます。

○「共通性・多様性」の見方
・これまでに栽培してきた植物と比べながら，水がどのように植物に取り込まれるのかを考える

　子どもたちが取り組む問題は，次の通りです。

問題：植物は，水をどのように体の中に取り入れているのだろうか

　「根から取り込んでいると思うけど，その先はわからないね」「葉がまた元に戻るから，葉には運ばれるのだろうね」「茎がストローみたいだから中を通るというのもありそう」「そういえば，葉に血管のようなものがあるから，葉の中は，あそこを通るのかな」といったように，子どもたちは，これまで観察してきた植物の形状を思い出し，そのことを根拠にしながら予想を立てていきます。

　実験を行うと，染色液はみるみるうちに葉の色を変えました。子どもたちの予想通り，葉脈が赤く染まりました。

そうなると，茎の中や根のど
こを通っているのか，植物を切
って調べてみたいという意欲が
わきます。

　子どもたちは顕微鏡を取り出
し，根，茎，葉をカッターで切
って赤い染色液がどこを通って
いるのかを観察を通して探って
いきました。

　「茎のきまったところを通っているよ」「ホースやストロ
ーみたいに，赤色の管ができている」「葉もトンネルみた
いに通るところが決まっているように見える」

　観察を通して働かせた「共通性・多様性」の見方から水
の通り道が決まっており，そこから植物全体に水が運ばれ
ていることを観察を通して知ることができました。

　そうなると，葉まで運ばれたら，水はどうなるのかとい
う疑問がわきます。

　問題：植物全体に運ばれた水は，その後どうなるか

　「ぐるぐる回っているだけなら，新しい水はいらないよ
ね」「人間が汗をかくように出ていくのかな？　それとも，
でんぷんをつくるのに使われるのかな」というように，追
究は続いていきます。

こんな「見方・考え方」もあるよ③

いくつかの見方が働く

　エネルギー，粒子，生命，地球は，それぞれ主に働く見方が示されています。しかし，授業では子どもたちが複数の見方を働かせることもあります。もちろん，それはすばらしいことです。教師はそこで見方を限定することなく受け入れていくことが大切です。「なんでそう思ったの？」「そう考えたのは，どうして？」と問い返すことで子ども自身が見方を働かせたことを自覚できるようにしましょう。第5学年「流れる水の働きと土地の変化」は地球領域ですので，子どもが主に働かせる見方は「時間的・空間的」な見方です。クラスみんなで大きな山をつくって，上流に見立てた山の上から水を流したとき，子どもは「水を流していくたびに，流れた跡がどんどん深くなっていくね！」「ねえ！　下流の方がだんだん川の幅が広がっていくね！」と，「時間的・空間的」な見方を働かせることがあります。それと同時に，「先生！　流す水の量を増やすほど，削れる土の量も多くなります！」というように「量的・関係的」な見方を働かせることもあります。また，「すぐ近くを見ると，土が削られたり積もったりしているけど，つくった川全体を見ても，削られているところと積もるところがある」「きっと本当の川もそうだね！」という，「部分と全体」の見方を働かせることもあります。

6章

地球領域
「時間的・空間的」な見方を
働かせること

「時間的・空間的」な見方【地球】
【時間と空間を同時に動かす】

雲が西から東に
動いているということは…
明日の朝の天気を
知るには…

　夕方，空を観察すると，雲がゆっくりと西から東へ動いているのがわかりました。ということは，明日の朝の天気を知るためには，西の方の天気や雲を調べればいいのです。けれど，一体どのくらい西の天気を調べればわかるでしょうか。明日の朝までの時間と1時間に雲がどのくらい動くのかとをあわせて考えます。まさに「時間的・空間的」見方を子どもが働かせる場面です。

【時間のスケールも空間のスケールも自在に動かす】

　雨樋を川，水槽を海に見立てて，海底に地層ができるのかモデル実験を行った子どもたち。予想通り，粒の大きさ，重さなどが影響して水槽の中に地層ができました。子どもたちは，水槽の中にできた地層を，崖にある地層に当てはめるとき，時間や空間を動かしながら想像をふくらませます。「時間的・空間的」な見方を働かせてスケールを自在に動かすことが，自然の大きさを実感することにつながります。

「時間的・空間的」な見方を
働かせることとは

　「時間的・空間的」な見方は，地球領域を捉える主な視点です。自然の事物・現象を空間的に捉え，それらが時間とともに変化する様子を捉えていきます。よって，時間と空間をあわせて見る場合も多いでしょう。

　第3学年の「太陽と地面の様子」では，1時間ごとに影の動きが規則的に変化する時間的な変化と，影の動きとともに太陽が一定に動く様子を空間的に捉え，それらをあわせて記録し，太陽の1日の動く様子をまとめます。

　子どもは，大地や雲，月や星などを写真のような静止画として捉えています。それらが動いている，変化しているという認識をもっていても，漠然とした捉えにとどまっています。そこで，時間の経過ごとの複数の静止画を見せたりモデル実験を行ったりすることで，それらがゆっくりと一定の変化をしていることに気付きます。また，大地や空，宇宙などの大きな広がりを空間としてみることで雄大な広がりや大規模な変化を推測することができます。

　第4学年の「月と星」を例に，「時間的・空間的」な見方を紹介します。冬，オリオン座の様子を観察します。オリオン座をしばらく観察しても，動いているようには見えません。そこで，午後6時と午後8時の学校の同じ空間のオリオン座の写真を提示します。

南→
1月○日午後6時

南→
1月○日午後8時

オリオン座が動いているね。

オリオン座は時間が経つとどのように動くのかな。

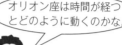

| 問題：時間が経つと，星の位置や並び方はどのように |
| 変わるのだろうか |

予想の場面では，これまでの既習の内容や生活経験と関係付けながら根拠のある予想や仮説を発想します。

星は月や太陽の動きと同じように東の空から南の高い空へのぼり，やがて西の空へと動いていくと思う。

動き方は月と同じだと思うけど，月の形が変わったように，星の並びも少しは変わると思う。

午後8時以降のオリオン座はどのように動くだろう。

観察の仕方，記録のとり方を話し合い，「時間的・空間的」な見方を意識した観察計画を立てます。

オリオン座が見える位置は方位と高さで調べよう。月の観察と同じように，こぶしの数で高さを測ろう。方位は方位磁針を使おう。

記録はこぶしの数5個分の空が記録できるようにしよう。月の記録をしたときと同じように，はじめに観察した星座が記録用紙の左側になるように記録するといいかもしれない。

時間は午後6時，7時，8時の3回を調べればだいたいの動きがわかるかもしれない。私は30分おきにくわしく観察してみようかな。

　このようにして，子どもは「時間的・空間的」な見方で観察を行い，記録用紙に記録できるようになります。

　子どもは，オリオン座の大きさを写真サイズで捉えていることが多く，実際のオリオン座を観察すると，その大きさに驚く子が多いです。地球領域の各単元を授業の中で時間的・空間的に視覚で捉えるには限界があります。地層の形成や土地の変化は長い時間を要し，変化を間近で見ることができません。また，月と太陽の位置関係は地球からの観察が困難です。そこで，モデルを用いて時間を早めながら変化を見たり，モデルで空間の視点変換を行ったりしながら，実際の様子を科学的に推測できるようにしていきます。モデル実験だけで学習を終えてしまうと，空間の大きさ，時間の長さの認識に誤概念が生まれがちです。実験後，実際の空間・時間サイズに直してあげることが大切です。

地球領域における「時間的・空間的」な見方が働く例

第3学年

太陽と地面の様子	1日の時間の変化による地面の影の動きや太陽の位置に着目する

第4学年

雨水の行方と地面の様子	数日後の地面の水たまりの有無に着目する
天気の様子	1日の午前と午後の気温と天気に着目する
月と星	1日の時間による月の形や位置に着目する

第5学年

流れる水の働きと土地の変化	長い時間の川の働きによる土地の変化に着目する
天気の変化	1日の時間ごとの空全体の雲の変化に着目する
	数日間の日本全体の空の雲の動きに着目する

第6学年

土地のつくりと変化	長い時間をかけて土地がつくられた様子について着目する
月と太陽	数日間の月の見え方と，そのときの月の位置や太陽の位置に着目する

第4学年　雨水の行方と地面の様子

　「雨水の行方と地面の様子」は学習指導要領に新しく追加された単元です。雨上がりの校庭にできた水たまりを観察しながら，土地のわずかな高低差によって，水が高いところから低いところへと流れて集まることや，数日後に水たまりがなくなった様子を観察しながら，水のしみ込み方は土の粒の大きさによって違いがあることを学習していく内容です。

　この単元の見方は，主に，水たまりができたときの様子と数日後に水たまりがなくなったという自然現象と出合い，時間の経過による変化について考えたり，校庭全体に降った雨水が土地の傾斜によってある特定の場所に集まっていくような空間的な視点をもったりし，問題づくりや，観察，実験を行う際に役立てていきます。

　また，考え方は，これまで休み時間などに校庭や砂場で遊んだときに体感した地面の様子を思い起こし，それらと関係付けながら根拠のある予想を立てられることを大事にしていきます。なお，水たまりの様子と数日後の様子と出合い，「水たまりはどこへ？　流れたのかな？　しみ込んだのかな？　空気中で姿を変えたのかな？」という問題を見いだす時点で「時間的・空間的」な見方が働いていることに留意が必要です。

見方	空間的な見方	・校庭全体を見て，水たまりのあるところとないところを見つける ・水がしみ込む校庭や砂場の内部をイメージし，そこにできる小さなすき間の違いを見つける
	時間的な見方	・水たまりができていたところが，時間が経つにつれて少しずつ小さくなり，やがてなくなっていく ・校庭と砂場では，水がしみ込む時間に違いがある
	部分と全体としての見方	・校庭の足元を見ると地面は凸凹しているが，校庭全体を見るとゆるやかな傾斜がある
	質的な見方	・校庭の土の粒の様子や，砂場の砂粒の様子を観察し，粒の大きさやかたさなどの性質の違いに気付く
考え方	関係付ける	・土地の様子による雨水の流れ方や，土の粒による水のしみ込み方の違いについて，既習の内容や生活経験と関係付けたり，水たまりがなくなった変化とそれにかかわる要因を関係付けたりしながら，根拠のある予想が立てられるようにしていく

この単元の見方・考え方

—— 雨水の行方と地面の様子・学習指導計画 ——

第1次

○雨上がりの校庭の様子を観察する

○数日後，水たまりのあったところを中心に観察する

○「時間的・空間的」な見方

・水たまりができるところ，できないところ

・水たまりがなくなっていく変化

問題：水たまりはどこへ？　流れたのかな？　しみ込
んだのかな？　空気中で姿を変えたのかな？

第2次

問題：水たまりができるところとできないところで高
さに違いがあるのだろうか？　どのような違い
があるのだろうか？

○「部分と全体」の見方

・校庭の土の凸凹したところ，校庭全体としてゆるや
かな傾斜

観察：校庭の傾きを調べる。

結果：校庭は凸凹していた。小さな傾きがある。

考察・結論：水は低い方へと流れていく。水は最も低いと
ころにたまる。

第3次 校庭の場所によって水たまりのでき方に違いがあることに気付く

> 問題：校庭や砂場の土によって水のしみ込み方に違いはあるのだろうか？

○「質的」な見方

・校庭の土と砂場の土の粒に着目する

【考え方：予想の場面で関係付ける】
土の粒の大きさの違いについて，生活経験や既習事項と関係付けながら考える

予想：土の粒と砂粒に水がしみ込む様子をイメージ図で描く。

実験：土の粒と砂粒の水がしみ込む様子を観察する。

○「空間的」な見方

・校庭の土中と砂場の土中のすき間に着目する

結果：土の粒は小さい，砂の粒は大きい。

考察・結論：粒の大きさとすき間の大きさは関係している。土や砂を押し込めて，すき間をなくしたら水のしみ込み方に違いはあるのかな……。

　子どもと雨あがりの校庭の様子を観察します。子どもは水たまりができているところに目がいきがちです。そこで，地面は濡れているけれど，水たまりができていない地面にも着目できるよう言葉かけをします。

○「空間的」な見方
・雨の日，校庭の水たまりができているところと，水たまりができていないところに着目する

「雨は均等に降ったのに，水たまりができているところとできないところがあるのはどうしてだろう？」

「よく見ると，水たまりができていないところから水が流れた跡があるよ」

　ここで教師は校庭の様子を写真に残しておくとよいでしょう。

　数日後，校庭の様子を再度観察します。水たまりはなくなっています。水たまりができていた地面とできていなかった地面に大きな違いは見られません。教師

は前回と同じ視点で写真をとり，教室で比較できるようにします。

「地面のわずかに低い方へ流れていったと思う」「土の下の方にしみ込んでいったのだと思う」「姿を変えて空気中に消えていったのだと思う」

子どもはそれぞれを検証したい気持ちになり，単元全体の大きな学習問題として集約できます。

○「時間的」な見方
・水たまりが数日後になくなっていた変化に着目する

問題：水たまりができるところとできないところで高さに違いがあるのだろうか？　どのような違いがあるのだろうか？

【考え方：予想の場面で関係付ける】
土地の様子について，生活経験や既習事項と関係付けながら考える

校庭が凸凹していることは経験から知っています。しかし，水たまりができるほどの大きな凹みがあると感じている子は少ないようです。水たまりができていたところはどんなところかを，子どもの生活経験と結び付けて思い起こすことで，「サッカーでシュートをするところはよく土も一緒に蹴ってしまうから，周りよりも土が削られて低くなっているのかもしれない」「お風呂の床は人が感じないくらいのわずかな傾斜で，それでも水は流れるから，校庭もぼくたちが感じないくらいの傾斜があるのではないか」という予想が立ちます。

　雨の日，砂場には水たまりができていないことを観察します。校庭には水たまりができたのに，砂場には水たまりができないのはどうして？という理由について考えます。

問題：校庭や砂場の土によって水のしみ込み方に違いはあるのだろうか？

○「質的」な見方
・校庭の土と砂場の土の粒に着目する

　砂場で遊んだ経験を想起しながら，土や砂の粒の様子に違いがあることに気付き，くわしく調べる活動を行います。

　子どもは虫眼鏡や触った感触で粒の大きさやかたさの違いを調べます。校庭の土をノートになすりつけると紙が茶色に変化します。砂は紙に色が付きません。このことから，校庭の土は

紙の繊維に入り込めるため，砂よりも細かい粒であると判断できます。

　粒の様子が違うことが，水のしみ込む速さと関係しているのではないかと考える子が増えてきました。「土の粒が大きい方が，すき間がたくさんできるので，すぐにしみ込むと思う」「砂は触った感じだとごつごつしているので粒

が大きいと思う。だからしみ込むのも速いと思う」と，これまでの経験を生かしながら予想を立てます。

予想を解決するための実験の方法を組み立てました。「粒の大きさとすき間」に着目し，土の様子についてイメージ図を描く活動をしました。

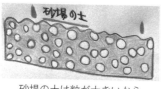
砂場の土は粒が大きいからすき間ができやすい

校庭の土は粒が小さいからすき間ができにくい

○「空間的」な見方
・校庭の土中と砂場の土中のすき間に着目する

土中のすき間に着目させながら，水がしみ込む様子を実験で確かめました。結果は，校庭の土はしみ込むのに時間がかかりました。
考察では「粒が小さいからすき間も小さく水がしみ込みにくい」という考えがもてました。その後，子どもはすき間にこだわり，砂もぎゅうぎゅう詰めにしてすき間を小さくしたら，しみ込む速さは遅くなるのではないかと，新たな考えをもちました。

第5学年　天気の変化

　この単元は，晴れの日の雲の様子や，雨や曇りの日の雲
の様子を観察し，天気の変化と雲の量や動きの関係につい
て学習していきます。また，数日間の雲の量や動きと気象
情報とを関係付けて，天気の変化の仕方や日本の天気の大
まかな規則性についても学習していきます。

　この単元の見方は，1日の雲の様子とそのときの天気に
時間ごとに着目し，関係を見いだしていきます。また，雲
の様子を空全体の空間として捉え，動きや量を天気と関係
付けていくようにします。さらに，気象情報を基にしなが
ら数時間，数日間にわたる時間ごとの天気の変化や雲の動
きを分析したり，日本全体の空を大きな空間として捉え，
各地の天気の様子をイメージしたりしながら考えられるよ
うにしていきます。

　考え方は，予想や仮説を基に，解決の方法を発想してい
きます。雲の様子を観察する方法について，条件を整えな
がら発想したり，解決に必要となる気象情報は何かを考え，
どのように入手するかなどを計画したりしていきます。

　なお，1日の雲の様子と天気などの自然現象と出合い問
題を見いだす際には，見いだした問題の中にすでに働いた
"見方"（「時間的・空間的」な見方）が含まれていること
に留意が必要です。

見方	空間的な見方	・空全体を通して見られる雲の量や広がり，動く方位などを観察する ・雲画像やアメダスを基にして各地の天気の様子をイメージし，日本全体の天気の移り変わりと大まかな規則性を見いだす
	時間的な見方	・雲は時間が経つにつれて移動したり大きさを変えたりしている ・数日間の気象情報を基にして天気の変化を調べ，天気の変化の規則性を見いだす
	部分と全体としての見方	・極地的な雲の動きには規則性は見いだしにくいが，雲画像の雲の大きな動きを見ると西から東に動いていることがわかる
考え方	条件を制御する	・雲の様子と天気の関係について，予想したことを解決するために，条件を整えながら雲を観察する方法を考えたり，必要な気象情報の集め方や分析の仕方などを計画したりしていく

この単元の見方・考え方

―― 天気の変化・学習指導計画 ――

第1次

○空の様子を観察する

○数時間後，同じ場所で空の様子を観察する

○「時間的・空間的」な見方
　・空全体の様子
　・雲の量や色，動きが変わっている

問題：雲の様子と天気はどのような関係なのだろうか

予想：雨が降るときは雲があって暗いから，関係している
　　　と思う。

　　　雲が多い日でも雨が降らないときがあるよ。雲の量
　　　だけが天気に関係していると思う。

【考え方：計画の場面で発想する】
予想や仮説を基に，時刻と観察場所を決めたり，雲の
動きは方位磁針を使ったりと，解決の方法を発想する

観察：午前と午後の2回に分けて1日の雲の様子（量や形，
　　　動き）とそのときの天気について調べる。この観察
　　　を4，5日間行う。

結果：空全体に雲が広がっていた→曇り，など。

考察・結論：天気は雲の量が増えたり減ったりすることや
　　　動くことによって変化している。

第2次

問題：天気はどのように変わっていくのだろうか

予想：天気の変化にはきまりがあると思う。

　　　天気がどのように変わるかは，空を観察するだけで
　　　はわからないと思う。

○「部分と全体」の見方

・第1次で調べた雲の動きに規則性は見いだしにくか
　ったが，より広い範囲での雲の動きを見ようとする

【考え方：計画の場面で発想する】
予想や仮説を基に，必要となる気象情報を手に入れる
方法や，資料の比べ方などの解決の方法を発想する

観察：気象情報と天気の変化の関係について調べる。

結果：日本各地の雲画像とアメダスの雨量情報を得る。

考察・結論：日本の天気は西から東に変化していく。

○「時間的・空間的」な見方

・数日間の雲画像やアメダスを基にして各地の天気の
　様子をイメージし，日本全体の天気の移り変わりと
　大まかな規則性を見いだしていく

　子どもと空全体の様子を観察します。そこで天気と雲に出合い，それらの様子に着目できるよう言葉かけをします。数時間後，同じ場所で同じ観察を行います。そのときの天気と雲の様子を数時間前の観察結果と比較します。

○「時間的・空間的」な見方
・空全体の様子
・雲の量や色，動きが変わっている

　「空がさっきよりも青くなったよ」「1回目の観察のときと比べて，雲の動きが変わった」「雲の量が増えたから天気は晴れではなく曇りかな」といった声が上がります。

　ここで教師は空の様子を写真に残しておくとよいでしょう。教室で，2回の観察結果を比べ，その差異点や共通点を基に，問題をつくります。

問題：雲の様子と天気はどのような関係なのだろうか

　この問題で，子どもから「雨が降るときは雲があって暗いから，関係していると思う」「雲が多い日でも雨が降らないときがあるよ。雲の量だけが天気に関係していると思う」という予想が出ます。そこで，1日の空がどのように変化しているかを調べるための観察方法について，班ごとに話し合いながら計画する場をつくります。

【考え方：計画の場面で発想する】
予想や仮説を基に，時刻と観察場所を決めたり，雲の動きは方位磁針を使ったりと，解決の方法を発想する

「午前と午後の2回に分けて1日の雲の様子（量や形，動き）とそのときの天気について調べよう」

「1日だけではなく，1週間くらい観察を続けよう」

「空のどういった状態が晴れなんだろう？　晴れのきまりはあるのかな？」

晴れと曇りの決め方については，雲量（空全体の広さを10としたときの雲の占める量）を決め，その雲の量で天気を判断できるような表を提示しながらクラスで条件を整えておくとよいでしょう。

日本の天気の一般的な決め方を基にした晴れと曇りの決め方（例）

雲量	天気
0〜8	晴れ
9〜10	曇り

観察は午前と午後に分けて1日に2回行います。空の様子をスケッチするのは難しいため，様子はできるだけ文と言葉で書くようにします。自分のタブレットで空全体の写真を撮影しておくのもよいでしょう。

下図のように，数週間の観察ができるような表を教師がつくり，毎日の活動を行うようにします。この表を基に，考察の場面で雲と天気の関係のきまりが傾向として見いだしやすくなります。

天気と雲の関係についてまとめよう

5年　組　名前

	月 4月○日		火 4月○日		水 4月○日		木 4月○日		金 4月○日	
	午前	午後	午前	午後	午前	午後	午前	午後	午前	午後
雲の様子										
天気										

	月 4月○日		火 4月○日		水 4月○日		木 4月○日		金 4月○日	
	午前	午後	午前	午後	午前	午後	午前	午後	午前	午後
雲の様子										
天気										

	月 4月○日		火 4月○日		水 4月○日		木 4月○日		金 4月○日	
	午前	午後	午前	午後	午前	午後	午前	午後	午前	午後
雲の様子										
天気										

　数日後に行われる学校行事は晴れか？　雨か？　雲の量や動きと天気には関係があることを前時で結論付けた子どもたちは，これから先の天気がどのように変わっていくか，また，変わり方にきまりがあるかについて考えます。

問題：天気はどのように変わっていくのだろうか

　予想の場面では，雲の量や動きを新たに獲得した知識を適用して考えられるように促していきます。

○「部分と全体」の見方
第１次で調べた雲の動きには規則性は見いだしにくかったが，より広い範囲での雲の動きを見ようとする

　「雲の動きは時間が経つときまった方位に動いていたように感じたから，きまりはあると思う」「天気がどのように変わるかは，空を観察するだけではわからないよ」「天気予報で１日の雲の動きを見たことがあって，流れるように動いていたから，きまりがありそうだ」

　こうした予想したことを基にしながら，調べる方法について話し合いながら考えていきます。

【考え方：計画の場面で発想する】
予想や仮説を基に，必要となる気象情報を手に入れる方法や，資料の比べ方などの解決の方法を発想する

　「もっと広い範囲の雲の動きがわかるようにしたい」「日本の雲の動きがわかる情報と，晴れか曇りか雨かがわかる情報がほしいね」「気象情報はインターネットやテレビ，

新聞から得られるよ」「同じ資料を1週間くらい集めて比べればよさそうだ」といった意見が出されます。

　調べ活動は，各家庭で無理なく得られる情報を優先して行うようにしましょう。雲画像や天気は新聞，インターネットから集めることができます。できるだけ同時刻にするなど条件を整えてあげます。

　数日後，各家庭で得られた気象情報を班ごとにまとめながら，雲の動きの傾向と天気の変化のきまりについて，イメージしながら「天気は西から東に変化していく」ことを考察していきます。

新聞記事の雲画像と各地の天気を切り取ったものを並べる

インターネットの雲画像と各地の天気がわかるものをプリントアウトした

○「時間的・空間的」な見方
・数日間の雲画像やアメダスを基にして各地の天気の様子をイメージし，日本全体の天気の移り変わりと大まかな規則性を見いだしていく

こんな「見方・考え方」もあるよ④

定性と定量

　理科における「定性」とは，抽象的な解釈で表現されていくことを意味します。例えば，「水に食塩が溶けて食塩水ができる」「ゴムを伸ばしたら，車がよく進む」というような主に言葉で表現するものです。一方，「定量」とは，具体的な数値を使って解釈される表現のことを意味し，「100mL の水に10ｇの食塩が溶けたら110ｇの食塩水ができる」「ゴムを５㎝伸ばしたら，車の進む距離は１ｍになる」というように，数を用いた表現になります。これらの関係は主に粒子領域やエネルギー領域で使われることが多いでしょう。

　自然現象の性質や傾向を定性的に言葉でまとめることは，子どもの発達に合っています。しかし，人によってその解釈は異なり，「閉じ込めた空気を圧したら，体積を縮めることができる」という表現に対して，少し縮まるのか，かなり縮まるのか，イメージが人によって異なります。このような直感的な思考から，数字を用いて，全ての人にわかりやすく，同じように解釈できるための論理的な思考として，数や式を用いた定量的な思考が大事になります。

　定性的な見方で子どもの考えを擦り合わせ，定量的な見方に発展していけるような見方の工夫ができると，科学的な思考が深まります。

7章

子どもが「見方・考え方」を
意識的に働かせるように
するために

意識的に働かせるとは？

　これまで，子どもは理科の学習の中で「理科の見方・考え方」を働かせて問題解決を行っていることを示してきました。「理科の見方・考え方」の「見方」は知識に大きくかかわり，「考え方」は思考力・判断力・表現力等に大きくかかわっています。「小学校学習指導要領解説　理科編」には，「見方・考え方」と「資質・能力」の関係について以下のように示されています。

> 　児童自らが「理科の見方・考え方」を意識的に働かせながら，繰り返し自然の事物・現象に関わることで，児童の「見方・考え方」は豊かで確かなものになっていき，それに伴い，育成を目指す資質・能力が更に伸ばされていくのである。
>
> 　　　　　　　　　　　　　　　　　　　　　　（下線：筆者）

　再度確認しておきますが，教師が育成するのは「資質・能力」です。しかしながら，資質・能力がさらに伸ばされるためには，「理科の見方・考え方」を豊かで確かなものとして，子どもが働かせることができるようにすると記されています。それゆえ，教師が理科の問題解決において，子どもが働かせる「理科の見方・考え方」を想定し，準備することや，子どもがどのような「理科の見方・考え方」を働かせているのかを把握することは非常に大切なことに

なります。また，子どもが「理科の見方・考え方」を自在に働かせることについて，「小学校学習指導要領解説　理科編」では，以下のように説明しています。

> 「理科の見方・考え方」を自在に働かせ，自然の事物・現象に関わることができる児童は，どのような視点で自然の事物・現象を捉え，どのような考え方で思考すればよいのかを<u>自覚しながら</u>，自然の事物・現象に関わることができるということである。
>
> （下線：筆者）

「自覚しながら」とは，子どもが複数の「見方・考え方」を把握していて，その場面や文脈に応じてそれにふさわしいであろう「見方・考え方」を意識的に使っているということにほかなりません。例えば，「予想や仮説を基に，解決の方法を発想する」ときに，子どもには，自ら制御すべき要因と制御しない要因を区別しながら計画的に観察，実験を行うことが求められています。その際に，今までの経験を基に，「変える条件と変えない条件を考えて方法を決めよう」と解決の方法を発想できる姿が「理科の考え方」を意識的に働かせている姿であると考えます。そのため，教師は働かせたい「理科の見方・考え方」を学習内容等から想定し，それを働かせるために教材や発問を準備しておく必要があるということです。そして，どのような「理科の見方・考え方」を働かせているかを把握し，意識的に働かせることができるようにする必要があります。

意識的に働かせることができるようにする

　「理科の見方・考え方を意識した授業のつくり方」については前述していますので，ここからは，子どもが働かせている「理科の見方・考え方」を教師がどのように把握するのか，どのようにすれば子どもが意識的に働かせることができるようになるのかをみていくことにしましょう。

　「理科の見方・考え方」については，「意識的に働かせている子ども」，「無意識的に働かせている子ども」，「働かせることができていない子ども」等，様々です。その授業の中で，「意識的に働かせている子ども」，「無意識的に働かせている子ども」が，どのような「理科の見方・考え方」を働かせているかは，子どもの行動や発言，ノートの記述等に表出されています。しかし，その表出されている「理科の見方・考え方」を教師が取り上げ，「こんな見方や考え方をするんだよ」と指導を行えばよいというものではありません。「知識」を例に挙げると，教え込まれた事実的な知識だけでは，学習の転移は起こりにくいということが研究で明らかになっているからです。事実的な知識だけでなく，その知識が様々な知識とつながり，様々な文脈の中で活用されることから得られる概念的な理解として習得できていなければなりません。

　また，これまでの全国学力・学習状況調査等の国内調査

からは，様々な要因はあるにしても子ども自身が資質・能力が身に付いたことを「自覚している」ということが，その資質・能力を「発揮できる」ことにつながっているという分析結果が出ています。

　これらを踏まえると，「理科の見方・考え方」も，教師が指導によって教え込むのではなく，意識的・無意識的に働かせている子どもの「理科の見方・考え方」を取り上げ，価値付け，称賛することで，子どもが自ら「理科の見方・考え方」を働かせることができるようにすることが大切です。つまり，教師が「価値付け」，「称賛」することで，子どもは働かせることができている「理科の見方・考え方」に気付き，自ら働かせたことを「振り返る」ことで，「理科の見方・考え方」を働かせていることを自覚できるようになり，後の問題解決のときには意識的に働かせることができるようになると考えます。

　そこで，教師の働きかけとして，子どもが働かせている「理科の見方・考え方」を，
○「価値付け，称賛する」
○「振り返ることができるようにする」
ことが大切であり，「理科の見方・考え方」は様々あることや育成する資質・能力でないことから，
○「きめつけないようにする」
○「学習評価の対象にしない」
ということも大切になってきます。これらを次のページからみていきましょう。

価値付け，称賛する（見方）

　これまで「授業づくりの実際」で述べてきたように，問題解決の際に，子どもが「理科の見方・考え方」を意識的に働かせている場合があれば，無意識的に働かせている場合もあり，その様子は様々です。

　しかし，その中で「理科の見方・考え方」を働かせている子どもは，「前に学習したときのことを参考にすると問題が見つかる」，「予想するときには理由を付けたした方がわかってもらえる」というように，「理科の見方・考え方」を働かせる価値に気が付いていることが多いのです。

　「理科の見方・考え方」を働かせていることを意識していない子どもや，働かせることができていない子どもにも，「理科の見方・考え方」を働かせることができるようにするにはどうすればよいのでしょうか。「理科の見方・考え方」を働かせる価値に気付くことができるようにする必要があります。

　では，どのようにすれば，「理科の見方・考え方」を働かせる価値に気付くことができるのでしょうか。もちろん，教師が，「『理科の見方・考え方』はこういうものであって，こう働かせるんだよ」と指導するものではないということは，前述の通りです。まずは，問題解決の過程で，「理科の見方・考え方」を働かせている子どもの姿がどのような

ものであるかを，教師が学習内容から想定することから始まります。子どもの「理科の見方・考え方」は，行動や発言，ノートの記述等に表れます。それを見取り，価値付け，称賛することが大切になってきます。

　例えば，第6学年「月と太陽」の学習で，三日月と半月の観察を行い，月の見え方と月と太陽の位置関係を学んだ子どもが，「さらに日が経つと月の形の見え方はどのように変わるのだろうか」という問題を設定したとします。この「問題」は，子どもがどのような「理科の見方」を働かせることで見いだしたのでしょうか。このときに，教師としてどのように「理科の見方」を確認し，価値付け，称賛すればよいのでしょうか。

　「月と太陽」は，「地球」を柱とする領域であるので，主として「時間的・空間的」な見方で問題を追究していくことが大切です。この「時間的・空間的」な見方を子どもが働か

せていることを価値付けたいのです。それには，問題設定の理由を問うことから始めます。「なぜこのような問題を見いだしたのか」と問うてみると，その回答に「時間的・空間的」な見方を働かせている様子が表れてきます。子どもが，「三日月と半月を調べたときのことを思い出して，その後の月と太陽の位置関係について問題を見いだしたよ」と発言したとしたら，また，第3学年や第4学年で学習した太陽や星の位置の変化も参考にしていたとしたら，

これらの発言は，これまでの知識を基にして「時間的・空間的」な見方を働かせていると考えられます。

　「○○さんは，これまで学習してきたことを基に，時間によって月の位置が変わることや，それが方位で表せることから問題を見いだすことができたんだね」というように，教師は，これまでの学習の知識をつなげただけではなく，「理科の見方」を働かせることで，新たな問題を見いだすことができたことを価値付けることが大切です。

　そのために，教師がそれぞれの領域で働かせる主な「見方」を把握して，それがどのような言葉や態度で表出されるのかを前もって想定しておく必要があります。そして，教師の価値付けから，その価値を知った子どもは，その後「理科の見方」を働かせることで問題を見いだすことができるようになるのです。もちろん，教師が価値付けなくても，価値を理解している子どもが価値について説明する方が，他の子どもへの影響力が強いことは当然です。また，「理科の見方」を働かせている子どもを称賛することも大切なことです。働かせてはいるけれど意識的でない場合には，「どのような見方ができているか」，「その見方を働かせることで資質・能力が身に付いていること」を称賛します。称賛されることで，子どもは身に付いた資質・能力を自覚することができます。また，それを聞く子どもも，称賛されている内容を聞き取り，見方を働かせながら資質・能力を身に付ける過程を学びます。何よりも，子どもには自分も称賛してもらいたいという意識が働きます。

価値付け，称賛する（考え方）

　「理科の考え方」は問題解決の能力を基に整理が行われていることは前述の通りです。例えば，第3学年では，主に「差異点や共通点を基に，問題を見いだす」といった問題解決の力の育成を目指しています。この力を育成するためには，複数の自然の事物・現象を比較し，その差異点や共通点を捉えることが大切になります。差異点や共通点を見いだすためには，「比較する」ことが前提になってきます。比較によって，問題を見いだすことができるようになるのです。では，どのように「理科の考え方」を働かせている子どもの姿を見取り，価値付け，称賛すればよいのでしょうか。「比較する」ことを例にみていきましょう。

　前項目の「見方」と同じく，第6学年「月と太陽」で，三日月と半月の観察を行った子どもが，「さらに日が経つと月の形の見え方はどのように変わるのだろうか」という問題を設定しました。この子どもが働かせた考え方を，どのように見取り，価値付け，称賛すればよいのでしょうか。この場合も先ほどと同様に，「なぜこのような問題を見いだせたのですか」と，理由を問うたときの回答の中に，価値が隠れています。子どもが「三日月と半月の月と太陽の位置関係を比べたら次がどうなるのかという問題が浮かんだ」と答えるとすると，そこには，三日月と半月の月の形

の見え方と太陽の位置関係を比較している姿があるのです。そこで，教師が「三日月を観察してわかったことと，半月を観察してわかったことを比べることで，問題を見いだすことができたんだね」と，比較を通して問題が見いだせたことを価値付けます。

　また，これまでの観察記録を並べて見ていた子どもが問題を見いだすことができたときはどうでしょうか。「問題を見いだす前に観察記録を見ていたのはなぜ」と問い，子どもが「これまでの観察記録を比べていたから」と発言したら，先ほどと同じように，比較することで問題を見いだすことができたということを価値付けることができます。そして，「理科の考え方」を働かせることができていたこととともに，「比較することで問題を見いだすことができてすごいね」等の称賛をすることも大切です。そうすることで，他の子どもも「問題を見いだす」には「比較する」ことが大切であることを認識し，他者が称賛されている様子を見て，自分も称賛されたいという動機付けになり，比較することで問題を見いだそうとするのです。

　また，理科の学習の前には，その時間の目標を設定します。目標を設定するときには，その時間にどの資質・能力を育成するのかということを明確にします。育成したい資質・能力から，どのような「理科の見方・考え方」を働かせることができればよいのかを教師が想定しておき，問題解決の中で子どもの行動や発言，ノートの記述等から，働かせている「理科の見方・考え方」を見取ることができる

ようにします。以下に，「考え方」とその発言を例示しました。

「理科の考え方」と発言例

考え方	子どもの発言例
比較する	・○と●とを比べてみると…… ・△と▲は同じだと思ったけれど，違った…… 　　　　　　　　　　　　　　　　　　　等
関係付ける	・□が変わると■も変わっていくから…… ・□は前に学習した■と同じだと思うので…… 　　　　　　　　　　　　　　　　　　　等
条件を 制御する	・変える条件と変えない条件は…… ・変える条件は1つだけにしていたな……　等
多面的に 考える	・他の班の実験の結果もあわせて考えると…… ・違う実験の結果からも同じことがいえそうだね……　　　　　　　　　　　　　　等

　このように働かせている「考え方」を見取り，働かせることで，どのような問題解決の力が付いてきているのかを明確に価値付け，称賛することが大切なのです。

　そうすることで，子どもが「理科の考え方」を働かせることの価値に気付き，自身で働かせることができるようになるのです。目の前の子どもを一番理解しているのは，担任であり担当である教師なのですから，このような営みに対して，教師としての専門性を発揮することが求められているのです。

振り返ることができるようにする

　理科の学習によって，子ども自身が「どのようなことができたのか」「どのようなことができるようになったのか」と自分自身の学びを振り返ることが大切です。また，振り返ることで，身に付いた資質・能力を意識し，次の活動への見通しをもつことができます。もちろん，資質・能力には「見方・考え方」が伴っていますので，その時間に働かせた「見方・考え方」も自覚できるようになると考えられます。

　これまでも学習後に「振り返り」を行うことは多くの事例でありました。しかし，そのほとんどが「振り返り」という時間をつくり，子どもが目的をはっきりともたずに，ノートにその時間のことを記入したり，発言したりする様子が見られることが多く，とても残念に思っていました。それらを見るたびに，振り返りが形骸化しているという懸念がありました。子ども自身が何を振り返るのか，何を目的に振り返っているのかを明らかにすることで，「振り返り」に意味をもたせる必要があります。

　では，目的を「理科の見方・考え方」を自覚できるような振り返りに絞って考えると，何を振り返ればよいのでしょうか。

　はじめに，「できたこと」「できるようになったこと」を

問うてみるとどうでしょう。「問題を見いだすことができた」「実験の方法を考えることができた」とその時間に身に付いた問題解決の力に気付くことができます。

　次に,「できたときに気を付けたことは何ですか」と問うことで,目の前の事象を比べたり,既習の内容と関係付けたりする等の「考え方」が明らかになります。他にも,「前にやったようにメジャーで距離を測ることができたので力の大きさがわかった（「量的・関係的」な見方）」,「他の物はどうなるのかを調べることができた（「質的・実体的」な見方）」等の,「理科の見方」を働かせている様子も捉えることができます。

　子どもは,振り返りを書いたり話したりすることを通して,学んだことが顕在化され,自らできるようになったことを実感でき,それが自信につながり,「理科の見方・考え方」を働かせた資質・能力を発揮した姿を見せるようになるのです。

　また,振り返りの中で「理科の見方・考え方」や「資質・能力」が身に付いたことに言及できていない子どもや気が付いていない子どもには,教師が学習を通して確認した「できていたこと」を伝えたり,教師が見取った子どもの姿を価値付けたりする支援を行うことも大切です。理科の学習中は,子どもが育てたい資質・能力を発揮できているかどうかを確認したり,子ども自身で何ができるようになったのかを把握できるようにしたりすることで,次の学習に生かすことができるようにすることが大切です。

きめつけないようにする

児童生徒が学習や人生において「見方・考え方」を自在に働かせることができるようにすることにこそ，教師の専門性が発揮されることが求められること。

つまり，目の前の子どもを一番理解しているのは，担任であり，担当している教師です。教師は，これまでの経験や知識を生かして，子どもを見取ったり働きかけたりすることが可能なことから，それが求められているのです。

では，教師が指導に際して育成する「資質・能力」とそれに伴う「理科の見方・考え方」を設定したとします。

「見方」については，例えば，第5学年「物の溶け方」において「ミョウバンが水に溶ける量は水の温度によって違うのだろうか」という問題を解決するにあたって，教師が「量的・関係的」な見方を働かせることができるように設定したとします。問題解決が進むにつれて，「水の温度が高くなるとミョウバンの溶ける量も増えるね」という考えが出されましたが，ある子どもが既習の内容である食塩のことを想起して，食塩とミョウバンの比較を行い，「質的」な見方を働かせることがあります。このようなときにも，教師が設定した見方だけを働かせればよいときめつけるのではなく，子どもは様々な考え方を働かせているとい

うことを意識し，それも認めていくことが大切です。

　「考え方」についても，「問題の見いだし」では「比較する」，「予想や仮説の発想」では「関係付ける」等，学習指導要領解説の中で具体が挙げられています。しかし，子どもが「問題の見いだし」の際に，解決の方法までを見通して，「条件を制御する」考え方を働かせる場合もあります。「問題の見いだし」の際には「比較する」考え方を働かせればよいと教師がきめつけるのではなく，子どもは様々な「考え方」を働かせているということを意識し，認めていくことが大切です。様々な「見方・考え方」を働かせることができる方が，物事を柔軟に捉えることができたり，柔軟に考えることができたりするからです。

　ときどき，教師が「今日の理科の時間は質的な見方を働かせましょう」，「解決の方法を考えるときには，条件を制御しましょう」等，どのような「見方・考え方」を働かせるのかを指導するような場面に出合うことがあります。このように指導することで，そのときは，「理科の見方・考え方」を働かせて問題を解決していくことができるかもしれません。しかし，私たちは子どもが様々な場面や文脈の中で「理科の見方・考え方」を意識的に働かせることができるようにすることが大切であることを忘れてはなりません。そのためには，教え込むのではなく，子どもの働かせた「理科の見方・考え方」について，「価値付けること」と「称賛すること」で，意識的に働かせることができるようにすることが大切になってくるのです。

学習評価の対象にしない

　「見方・考え方」を働かせることで，資質・能力が育成され，それによって「見方・考え方」がさらに豊かになるということを説明してきました。教師が育成を目指すのは，資質・能力です。観点別学習状況の評価の対象は，資質・能力がどれぐらい身に付いているのかであって，「見方・考え方」を働かせているかどうかではありません。しかし，授業研究等で，授業について協議する際に，子どもが「見方・考え方」を働かせていたかどうか自体で子どもの学習評価をすることがあります。「見方・考え方」を働かせているかどうかは，直接評価するものではないということを再確認しておきます。ただ，資質・能力の育成には，「見方・考え方」が大きくかかわっています。「小学校学習指導要領解説　理科編」には，主に第5学年で育成する問題解決の力として以下のように示されています。

　予想や仮説を基に，解決の方法を発想するといった問題解決の力の育成を目指している。この力を育成するためには，自然の事物・現象に影響を与えると考える要因を予想し，どの要因が影響を与えるかを調べる際に，これらの条件を制御するといった考え方を用いることが大切である。

（下線：筆者）

このように，解決の方法を発想するときには，予想や仮説を基にすることが示されています。理科の資質・能力の育成には，「理科の見方・考え方」を働かせることが不可欠です。教師は，資質・能力がどれぐらい身に付いているのかを学習評価の対象としても，育成する資質・能力と密接な関係がある限り，「理科の見方・考え方」を働かせているかどうかを見取ることは必要です。そして，その見取りから子どもの学びを振り返り，さらなる指導の改善につなげていくことが大切なのです。例えば，第5学年「振り子の運動」で，「振り子の1往復は何で変わるのだろうか」という問題解決において，解決の方法を発想することができていない子どもを確認したときに，子どもが条件を制御するといった「理科の考え方」を働かせて解決の方法を発想しているかどうかを見取ります。条件を制御する考え方を働かせることができていない場合は，できている子どもを価値付け称賛するとともに，振り子について，「1往復の時間（従属変数）」とその「原因として考えられる要因」及び「変える条件（独立変数）」と「変えない条件」を板書でまとめ，条件について着目できるようにし，解決の方法の発想に生かすことができるようにすること等の指導の改善を行うことになります。

「理科の見方・考え方」を意識的に働かせるようにするには，「価値付け，称賛する」「振り返ることができるようにする」ことや，「きめつけないようにする」「学習評価の対象にしない」ことが大切です。

コラム

「共通性・多様性」からみる生命の魅力

　「生命」を柱とする領域では，主として「共通性・多様性」の視点で捉えることが，領域における特徴的な視点として整理されています。

　例えば，中学校理科では，「いろいろな生物の共通点や相違点を見いだすとともに，生物を分類するための観点や基準を見いだして表現すること」とあります。

　カモノハシは哺乳類でありながら卵生であるめずらしい生物です。また，魚類であってもイタチザメは胎生であるとされています。いろいろな観点で分類したときに，生物は「例外」とされるものがときとして現れます。この，「例外」とされる存在に，私は不思議を感じずにはいられませんし，そこに大きな魅力を感じます。多様性に魅力を感じているのでしょう。

　生物における「共通性・多様性」は，生物が生存していく上でとても大切なことだと考えられています。「共通性・多様性」のおかげで，幾多，環境の変化があったにもかかわらず，何億年もの間，地球上で生物が命をつむぐことができました。領域で整理されている「見方」はその領域の魅力も表していると考えられます。理科に魅力を感じる方々に魅力を感じる理由を聞いてみたいですね。

【著者紹介】

鳴川　哲也（なるかわ　てつや）

1章執筆。

文部科学省初等中等教育局教育課程課教科調査官。国立教育政策研究所教育課程研究センター研究開発部教育課程調査官・学力調査官。

福島県公立小学校教諭，指導主事等を経て現職。

寺本　貴啓（てらもと　たかひろ）

2章執筆。

國學院大學人間開発学部教授。

静岡県の小・中学校教諭を経て現職。専門は，理科教育学・学習科学・教育心理学。

辻　　　健（つじ　たけし）

4章・5章及び3章〜6章導入部を執筆。

筑波大学附属小学校教諭。

神奈川県の小学校教諭を経て現職。一貫して理科授業の研究に取り組む。

三井　寿哉（みつい　としや）

3章・6章執筆。

東京学芸大学附属小金井小学校教諭。

東京都の小学校教諭を経て現職。理科教育の研究に主に取り組む。

有本　　　淳（ありもと　じゅん）

7章執筆。
国立教育政策研究所教育課程研究センター研究開発部学力調査官・教育課程調査官。
大阪府の小学校教諭を経て現職。

小学校
見方・考え方を働かせる問題解決の理科授業

2021年7月初版第1刷刊	鳴	川	哲	也
2022年1月初版第3刷刊	寺	本	貴	啓
©著　者	辻			健
	三	井	寿	哉
	有	本		淳

発行者　藤　原　光　政
発行所　明治図書出版株式会社
　　　　http://www.meijitosho.co.jp
　　　　（企画）茅野　現　（校正）嵯峨裕子
　　　　〒114-0023　東京都北区滝野川7-46-1
　　　　振替00160-5-151318　電話03(5907)6702
　　　　ご注文窓口　電話03(5907)6668

＊検印省略　　　　　　　組版所　株　式　会　社　カ　シ　ヨ

Printed in Japan　　　　ISBN978-4-18-377513-9
もれなくクーポンがもらえる！読者アンケートはこちらから→